정순욱 에세이

시민의 삶에서 행정을 배우다

공직의 현장에서 기록한
도시의 이야기

시민의 삶에서
행정을 배우다

오, 나의 뿌리 의왕

목 차

목민심서의 마음으로

내 삶을 돌아볼 때면
언제나 하나의 질문이 떠오른다.

"나는 어디에서 왔는가."

그 답은 언제나 같다.
의왕 초평의 들판.
흙냄새가 배어 있던 그 땅, 부모님이 새벽마다 지게를 지고 걸어가던 논두렁, 친구들과 숨이 차도록 뛰어다니던 골목들 …

그곳은 나의 시작이었고, 지금도 나를 지탱하는 흔들리지 않는 뿌리이다.

초평에서의 시간들은 단순한 추억이 아니었다.
아버지에게서 배운 정직함, 어머니에게서 배운 책임감, 이웃과 더불어 살아가던 공동체의 질서는 내 안에 자연스럽게 '사람을 중심에 둔 가치관'을 세워주었다.

그래서 내가 공직을 선택한 것은 결코 우연이 아니었다.

누군가는 더 화려한 길을 택했을지 모르지만,

나는 사람의 삶을 실제로 바꾸는 일,

현장에서 문제를 해결하는 일이 내 성향과 양심에 가장 잘 맞는 길임을 오래전부터 알고 있었다. 초임 시절 구청 마당을 쓸던 순간부터, 경기도 비서실장으로서 도정을 설계하며 조직을 이끌던 시간, 동두천과 광명에서 시민의 목소리를 매일 현장에서 듣던 날들까지 … 나는 분명한 진실 하나를 배웠다.

행정은 사람의 일상을 바꾸는 힘이다.

그러나 시간이 흐를수록, 그 힘은 단순히 경험이나 기술만으로는 완성될 수 없다는 사실을 깨달았다. 더 나은 결정을 내리고, 더 옳은 선택을 하기 위해서는 행정의 바탕이 되는 '마음의 기준', '권한을 다루는 태도'가 필요했다. 그 질문이 깊어질수록, 나는 자연스럽게 오래된 한 권의 책으로 되돌아갔다.

바로 『목민심서』 였다.

백성을 사랑하고, 권력을 두려워하며, 스스로를 먼저 다스리라는 그 정신은 수백 년의 시간이 지나도 행정의 기준이 되어야 한다는 것을 나는 현장에서 수없이 확인해왔다.

그리고 이 원칙을 실무에서 지키기 위해 노력해왔다. 그러나 철학만으로는 도시의 미래를 바꿀 수 없다. 특히 지금의 의왕은 정직한 행정, 투명한 개발, 중앙정부와의 강한 연결, 그리고 현장에서 바로 실행할 수 있는 능력이 절실한 도시다.

나는 이 길을 누구보다 오래 걸어왔고, 가장 앞에서 실천해 온 사람이다. 행정을 알고, 조직을 알고, 예산과 정책이 움직이는 구조를 아는 사람. 이제 그 경험을 고향 의왕의 미래를 위해 쓰고자 한다. 의왕은 내게 단순한 고향이 아니라, 나를 키우고, 가르치고, 오늘의 나를 만든 자리다.

지금은 내가 그 의왕의 내일을 책임져야 할 차례라고 믿는다. 흔들리되 꺾이지 않고, 조급하지 않더라도 바르게, 오직 시민의 삶을 중심에 두고 걸어가겠다.

의왕의 아들 정순욱,
새로운 변화를 향해 나아가는 길목에서 …

이한주

(전) 대통령직속 국정기획위원회 위원장
(현) 대통령비서실 정책특별보좌관

정순욱 님이 자전적 정책서를 내었다.

정순욱님처럼 수십 년을 행정에 종사했던 사람들에게는 자신의 경험을 책으로 엮어 자신이나 후배들에게 교훈을 남기고 싶은 욕구가 생긴다. 깊이 있게 생각하고 치열하게 행동했던 사람일수록 더욱 그러하다.

정순욱 님은 경기도청, 동두천시, 광명시 부시장 등을 거치며 '현장 행정'의 노하우를 쌓았다.

그 과정에서 행정이 시민의 삶을 얼마나 획기적으로 바꿀 수 있는지 목격하고 실천해 왔다.

그가 경기도지사 비서실장 재임 시, 계곡 불법 시설 정비와 코로나19 대응 등 강자의 횡포를 막고 약자를 보호하는 '공정 행정'을 일선에서 경험하면서 얻은 머리와 가슴과 몸의 기억이다. 그는 또한 광명시 구름산지구 도시개발사업처럼 복잡한 갈등을 조정하고 실질적인 성과를 만들어낸 끈기를 증명해 보였다.

저자는 30년 행정 전문가의 시각으로 본인이 자란 고향, 아버님의 삶이 녹아 있는 곳, 의왕의 현재를 진단하고 미래를 조망한다. 마치 자라난 하천으로 회귀한 연어처럼, 다 큰 몸으로, 새로이 자라날 후배들을 위해 몸으로 익힌 말과 글을 책으로 엮어 외친다.

정책의 고비마다 정순욱 님을 보아온 사람으로서,
이 책, '시민의 삶에서 행정을 배우다'

결국 사람이 모든 행정의 답이라는 것을 보여주는 몸의 언어로 쓰인 이 책의 일독을 기쁜 마음으로 추천한다.

김승원

국회의원
더불어민주당 경기도당위원장

정순욱 저자는 30여 년간 지방행정의 중심과 현장을 두루 거쳐 온 행정가입니다. 경기도청과 지방정부 현장을 오가며 쌓아온 저자의 경험은 이 책 전반에 문제의식으로 녹아 들어 있습니다.

국회에서 입법을 다루며 여러 지방정부의 사례를 접해 온 입장에서 볼 때, 행정이 신뢰를 잃는 순간은 대개 속도의 문제가 아니라 기준의 문제에서 비롯됩니다.

무엇을 우선에 두고, 어디까지 책임질 것인가에 대한 기준이 분명하지 않을 때 행정은 시민의 삶에서 멀어지게 됩니다.

이 책은 그 기준이 어디에 놓여야 하는지를 현장의 경험과 구조적 시각을 통해 설득력 있게 보여 줍니다. 빠른 정답보다 설명 가능한 결정, 단기 성과보다 지속 가능한 선택을 중시하는 태도는 이 책이 제시하는 행정의 핵심 원칙입니다. 제도와 조직, 시민의 삶이 맞물리는 지점에서 행정이 어떤 균형 감각을 가져야 하는지, 보이지 않는 조율의 과정이 얼마나 중요한지를 구체적으로 짚어 줍니다.

이 기록은 도시를 다시 설계한다는 것이 무엇을 의미하는지, 행정의 최종 목적이 결국 시민의 삶에 있음을 조용하지만 분명하게 환기시킵니다. 공직자에게는 성찰의 기준으로, 시민에게는 행정을 이해하는 창으로서, 지방행정이 다시 신뢰의 언어를 회복하는 데 의미 있는 참고서가 될 책이라 생각하며 기꺼이 추천드립니다.

이소영

국회의원
더불어민주당 의왕·과천지역위원장

규제 뒤에 숨지 않는 '해결사'의 기록을 보며 …

행정은 법과 규정이라는 틀 안에서 움직입니다. 그래서 주민들이 체감하는 행정의 문턱은 종종 높고 차갑습니다.

"규정 때문에 안 됩니다"라는 말에 답답함을 느껴본 분들이라면, 우리 행정이 주민의 삶과 얼마나 동떨어질 수 있는지 잘 아실 겁니다.

이 책에서 만난 정순욱은 규정이라는 방패 뒤에 숨지 않는 사람입니다. 남들이 "규정이 없어 어렵다"고 고개를 저을 때, 그는 "되는 방법을 찾아보자"며 운동화 끈을 조여 맸습니다. 안락한 사무실 대신 민원이 빗발치는 현장 한복판을 택했고, 서류 더미 속이 아니라 주민들의 목소리를 직접 들으면서 답을 찾고자 했습니다.

책에는 꽉 막힌 도로를 뚫고, 얽히고설킨 갈등을 풀어내기 위해 그가 쏟은 치열한 고민들이 생생하게 담겨 있습니다. 안 되는 일을 되게 만드는 힘은 말 몇 마디나 권위가 아니라, 끝까지 현장을 지키는 끈기와 주민을 향한 열정에서 나온다는 사실을 이 기록이 증명합니다.

이 책은 단순한 공직자의 회고록이 아닙니다. 우리 동네의 묵은 문제를 실제로 해결할 수 있는 구체적인 지혜가 담긴 '현장 해결 보고서'입니다.

내 삶을 바꾸는 행정, 주민의 마음을 읽는 '일 잘 하는 행정'이 무엇인지 궁금한 모든 분께 일독을 권합니다.

한준호

국회의원
(전) 더불어민주당 최고위원

이 책은 동두천과 광명, 그리고 이재명 대통령의 경기도지사 시절 비서실장으로 현장을 누비며 복잡한 갈등을 조정하고 성과를 만들어낸 행정가의 비망록이자, 도시를 구조적으로 다시 설계하려는 전문가의 제안서입니다.

어떤 결정은 언어보다 감각으로 먼저 도착한다고 합니다. 30여 년간 공직자의 길을 걸어온 행정가 정순욱의 기록을 넘기다 보면 더욱 와닿는 문장이 됩니다.

화려한 수식이나 성과를 나열하기보다는, 치열했던 현장의 고뇌와 결정이 내려지기 직전의 고독한 시간과 과정까지 가감 없이 기록했기 때문입니다. 특히 인상적인 점은 오롯이 자신을 변호하기보다 잘된 선택과 그렇지 않았던 선택을 같은 밀도로 남겼다는 것입니다. 일이 뜻대로 풀리지 않았던 시기의 답답함과 위기의 순간조차 투명하게 드러냄으로써 시민 앞에 솔직하고자 했던 공직자의 단단한 소신과 '사람을 중심에 둔 행정'이라는 철학이 느껴지는 대목입니다.

차가운 법과 원칙 속에서도 늘 사람의 온기를 지켜내려는 노력, 그것이 정순욱이 말하는 '행정'이고 '시민의 삶에서 행정을 배우다' 일 것입니다. 자신의 고향 의왕을 향한 제언이 묵직한 신뢰로 다가오는 이유도 여기에 있습니다.

말을 앞세우기보다 삶으로 증명해 온 그의 족적을 따라가다 보면, 독자들은 진정한 공직의 품격이 무엇인지, 그리고 우리가 사는 도시에 어떤 온기가 필요한지 발견하게 될 것입니다.

묵묵히 자신의 소임을 다하는 모든 이들과, 대한민국과 의왕의 더 밝은 내일을 고민하는 시민들에게 이 책을 권합니다.

박승원

광명시장

광명시에서 정순욱 부시장과 함께 근무하며 여러 행정 현안을 실제로 집행하고 조정하는 과정을 가까이에서 지켜보았다. 부시장으로 취임한 이후 그는 주요 사안에 대해 결론 자체보다, 그 결정이 행정 절차를 통해 어떻게 전달되고 시민의 일상에 어떤 방식으로 영향을 미칠지를 함께 고려하는 방식으로 업무를 수행해 왔다. 특히 결정 이후 발생할 수 있는 혼선과 부담을 줄이기 위해 사전에 충분히 정리하고 조율하는 데 많은 시간을 들였다.

이러한 접근은 행정의 속도를 과도하게 앞세우지는 않지만, 결정 이후 반복되는 민원이나 불필요한 오해를 줄이고, 시민이 행정을 이해하고 받아들이는 과정에서 생길 수 있는 마찰을 최소화하는 데 기여했다. 그 결과 행정은 시민의 삶 속에서 보다 차분하고 안정적인 방식으로 작동할 수 있었다.

그의 업무 방식은 눈에 띄는 성과를 강조하기보다, 과정이 흔들리지 않도록 관리하는 데 초점이 맞춰져 있다. 이러한 태도는 조직 내부의 혼선을 줄이고, 시민이 행정 변화의 이유를 납득할 수 있는 여지를 남긴다.

이 책에 담긴 기록은 한 공직자의 경력을 정리한 회고라기보다, 행정이 시민에게 어떤 방식으로 작동해 왔는지를 차분히 되짚은 기록에 가깝다. 광명시에서 함께 시정을 책임졌던 경험에 비추어 보았을 때, 이 내용은 현장에서의 판단과 크게 다르지 않다고 느낀다.

『시민의 삶에서 행정을 배우다』는 행정을 제도나 성과로만 설명하지 않는다. 이 책은 도시가 어떻게 작동하고 변화하는지를 행정 현장의 경험을 통해 차분히 보여주며, 행정을 하나의 결과가 아닌 설계와 조율의 과정으로 이해하게 만든다.

특히 정책의 이면에서 이루어지는 고민과 선택의 기록은 '보이지 않는 행정'의 가치를 분명히 드러낸다. 빠른 결정이나 단기 성과보다 시민의 삶에 실제로 스며드는 변화를 우선해 온 저자의 태도는, 행정이 시민의 신뢰를 어떻게 만들어 가야 하는지에 대한 중요한 시사점을 준다.

이 책은 특정 도시의 사례를 넘어, 모든 도시가 공통으로 마주한 질문에 답한다. 행정을 시민의 눈높이에서 다시 바라보고자 하는 이들에게 『시민의 삶에서 행정을 배우다』는 도시와 행정, 그리고 사람을 잇는 의미 있는 안내서가 될 것이다.

광명시의 시정을 함께 운영해 온 책임자의 한 사람으로서, 이 기록이 행정의 실제와 시민의 체감을 이해하는 데 의미 있는 참고가 될 수 있다고 생각하며 이 책을 추천한다.

정기열

제9대 경기도의회 의장

"도시는 건물이나 구조물이 아니라,
그 안에서 살아가는 사람들의 삶이다."

- 김광현 건축가 -

정순욱 부시장님의 출판을 진심으로 축하드립니다.

책을 한 권 펴낸다는 것은 새로운 도전인 동시에, 자신이 평생 고민해 온 생각과 지식을 다음 세대에 남기는 뜻깊은 일입니다.

이번 출간이 개인의 성취를 넘어, 의왕시를 비롯한 대한민국 도시 행정의 미래를 한 단계 성숙시키는 계기가 되기를 기대합니다.

도시는 저절로 움직이지 않습니다.

누군가가 구조를 이해하고, 보이지 않는 질서를 설계할 때 비로소 살아 움직입니다. 이 책은 바로 그러한 관점에서 도시를 움직이게 하는 행정의 본질을 차분하고 깊이 있게 기록한 결과물입니다.

저자는 "도시는 설계해야 움직인다"는 확고한 철학을 바탕으로, 정책의 이면과 시스템의 정교한 조율, 그리고 행정 현장에서의 치열한 고민을 성실하게 담아냈습니다.

이 책이 말하는 행정은 단순한 집행이나 성과의 나열이 아니라, 눈에 보이지 않는 곳에서 사람과 사람, 제도와 현실을 잇는 조율의 예술에 가깝습니다. 무엇보다 인상 깊은 점은, 이 모든 행정의 최종 목적을 '도시는 결국 사람이며, 시민이 체감하는 변화'에 두고 있다는 점입니다. 이는 행정을 오래 고민해 온 사람만이 가질 수 있는 깊이 있는 시선이며, 현장을 중심에 둔 행정가의 진정성이 고스란히 드러나는 대목입니다.

과거 제가 경기도의회 의장으로 재직하던 시절, 저자는 의전팀장으로서 늘 현장을 지키며 단 한 번의 행사도 허투루 넘기지 않는 탁월한 책임감과 성실함을 보여주었습니다. 이후 더 큰 역할을 제안받고도 자신의 자리에서 끝까지 최선을 다하겠다는 선택을 했던 모습은 지금도 제 기억 속에 깊이 남아 있습니다.

의회를 떠난 이후에도 그는 또 다른 현장에서 필요한 사람이 되었고, 경기도지사 비서실장으로서 도정을, 광명시 부시장으로서 시정을 책임지며 도시의 변화를 위해 묵묵히 헌신해 왔습니다. 이 책은 그 시간과 노력이 결코 헛되지 않았음을 증명하는 기록이기도 합니다.

도시를 고민하는 모든 분들께, 그리고 행정의 본질을 다시 생각하고 싶은 분들께 이 책이 깊은 공감과 통찰을 전해주기를 진심으로 바랍니다.

출간을 마음 깊이 축하드립니다.

정순우

하동정씨 하성위파 초평종친회장

같은 뿌리에서 자라온 사람의 눈으로 본 정순욱

같은 뿌리에서 자라온 사람으로서 정순욱을 오랜 세월 가까이에서 지켜보아 왔다. 그는 일찍이 말로 자신을 드러내기보다 행동으로 책임을 다하는 쪽을 택하던 사람이었으며, 자기에게 맡겨진 바를 가볍게 여기지 않는 태도는 어린 시절부터 한결같이 이어져 왔다.

그의 삶의 바탕에는 정직함을 근본으로 삼고, 행동을 반듯하게 하며, 사람을 대함에 예를 앞세우는 자세가 자리하고 있다. 작은 약속 하나라도 소홀히 하지 않으려는 성정은 가족과 주변으로부터 자연스러운 신뢰를 쌓아 온 근간이라 할 수 있다.

의왕시 초평동에서의 성장 과정은 사람을 말이 아닌 행동으로 판단하던 환경이었다. 그 가운데서 자라난 정순욱은 어려움이 닥치면 남보다 먼저 나서 책임을 맡되, 이로움이 있을 때에는 스스로를 앞에 두지 않는 겸손한 태도를 몸에 익혀 온 인물이다. 가까이에서 지켜본 그는 상황에 따라 쉽게 흔들리기보다는 스스로 세운 기준을 마음에 두고 천천히, 그러나 분명하게 판단하는 사람이었다. 그 기준은 늘 사람과 공동체를 향해 있었으며, 말보다 행실에서 먼저 드러나는 경우가 많았다.

가족 안에서의 그의 모습은 어떤 직함이나 지위로 재단될 수 있는 것이 아니다. 일상의 태도, 사람을 대하는 법도, 작은 일에도 책임을 회피하지 않으려는 마음가짐은 오랜 세월에 걸쳐 다져진 한 사람의 근본이라 하겠다.

그 근본이 세월 속에서 크게 달라졌다고 느낀 적은 없다.

이 책에 담긴 기록 또한 어느 날 새로 꾸며진 이야기가 아니라, 그가 걸어온 삶의 자취와 태도를 담담히 정리한 것이라 여겨진다.

같은 뿌리에서 자라온 이의 눈으로 볼 때, 그 내용은 낯설지 않으며 오히려 오래도록 알고 지내온 그의 모습과 상통한다. 이에 가족의 한 사람으로서, 또 같은 종친의 입장에서 정순욱이 어떠한 환경에서 성장하여 어떠한 품성과 기준을 지닌 인물로 살아오게 되었는지를 이 기록을 통해 전하고자 하며, 본서를 기꺼이 추천하는 바이다.

임종명

유신고등학교 22대 총동문회장

몰입이 달랐던 친구, 시간 속에서 이어진 기록

돌이켜보면 40여 년 전 같은 교실에서 시간을 함께 걷기 시작했던 친구들이 다양한 모습으로 한국 사회를 관통하는 것을 보면서 들던 의문점이 하나 있었습니다. 같은 고등학교, 같은 대학교를 나왔는데도 불구하고 닥치는 삶의 문제들에 대해서 어떤 이는 해결책을 찾아내고 어떤 이는 해결책을 못 찾고 시행착오를 거듭하는가 하는 차이에 대한 것이었습니다.

누군가가 얘기했듯이 그것은 수학 한 문제를 가지고 한 시간 이상 해답을 고민해 보았는가 하는 몰입의 차이가 현실에서 나타난다는 의견에 동조하게 됩니다. 깊은 고민 속에서 나온 행동이 해결 방안에 근접한다는 것입니다.

고등학교 시절 같은 교실에서 보았던 그는 문제가 생기면 쉽게 동조하는 편이 아니라 상황을 먼저 살피고, 답을 빨리 내놓기보다는 왜 그런 질문이 생겼는지를 곰곰이 몰입하는 면이 돋보이는 친구였습니다. 기준을 가지고 해결책을 모색하였기에 누구나 수긍하는 합리적인 결과를 도출해 내곤 했습니다.

이 책을 펼치면서 페이지마다 느껴지는 것은 자신의 경험을 내세워 설명하기보다 공공의 영역에서 마주했던 장면들 앞에서 무엇을 쉽게 단정하지 않으려 했는지, 행정과 도시, 사람 어느 하나도 놓치지 않기 위하여 어떤 선택 앞에서 오래 머물렀는지를 차분히 적어 내려갑니다.

정답을 제시하기보다 그 결정에 이르기까지의 판단의 과정과 망설임, 맥락을 남기려는 시선이 일관되게 느껴집니다.

같은 학교를 다닌 동문으로서 이 기록이 특별하게 다가오는 이유는 분명합니다.

학창시설의 그런 태도가 시간을 지나 어떻게 기록으로 남게 되었는지를 보여주는 것이기 때문입니다.

청심과 애민의 기본 위에서 쌓아 올려진 이 기록이 지금의 어려운 시대를 같이 호흡하고 움직이는 시민들과 함께 다음 장을 써 내려갈 수 있는 희망을 보여주는 시간이 되었으면 합니다.

감사합니다.

1부

출발이라는 시간

비포장 길을 걸으며

지금까지 내가 걸어온 길은 어떤 길이었을까, 곧은 길, 구불구불한 황톳길, 아니면 아스팔트가 깔린 잘 다듬어진 길. 그렇다 공직생활 30여 년 동안 걸어온 길은 주관적 시각이 아닌 객관적 관념으로 볼 때 중간 중간마다 굴곡지거나 황톳길도 있었겠지만 분명 잘 다듬어진 아스팔트 길이었을지도 모른다.

그렇다면 나의 삶은 어떠한 방법으로 살아왔을까 수동적이었을까 능동적이었을까 아니면 사태의 흐름에 따라 상사의 눈치를 보며 적당히 살아 왔을까 이 또한 가치적 판단이 어려워 대략 난감이다.

또 다른 방법으로 평가를 내린다면 순리와 도리의 이론에서 살았을까 하는 생각에 걸어 온 길을 다시 한 번 반추해본다. 법(法)이라는 한자를 풀어 보면 물 수(水)변에 갈 거(去)자의 합성으로 이루어졌다고 볼 수 있다. 즉 물이 흘러가는 대로 따라 가면 된다는 것이다.

일상적으로 법의 개념은 사회적 동물인 인간들이 삶을 유지함에 있어 신분의 고하, 직업의 귀천과는 관계없이 평등한 질서를 유지하기 위한 기준이다. 따라서 새로운 사회적 환경으로 인하여 이에 준하는 법이 제정되거나 세상의 흐름이 바뀔 때마다 그 기준에 걸맞은 기존의 법을 개정한다.

법의 논리를 전개 할 때마다 그 테두리 안에서 살아가는 사람들은 어렵다고 하지만 따지고 보면 법이란 그리 어려운 것이 아니다. 한자의 형상대로 세상에 가장 쉬운 것이 법과 도리(道理)인 것이다.

반면, 법과 도리는 쉬운 말이지만 여기에 자연이 내려준 섭리를 버리고 사심과 욕심을 첨가하게 되면 어려울 것이고 경우에 따라서는 인간들이 피할 수 없는 재앙이 될 수 있다.

이러한 것들을 자연적 논리로 접근해서 가장 눈여겨 볼 것은 선각자들의 명언들이다.

맹자는 '순천자존 역천자망'(順天者存 逆天者亡)이라고 했다. 다시 말하자면 '하늘에 순종하는 자는 살아남고, 하늘을 거역하는 자는 망한다'는 뜻으로 세상의 이치에 역행하면 죽음을 맞이한다는 것이다. 그런데 요즘의 우리나라에서 벌어지고 있는 정치, 경제, 사회 등 민생과 관련된 현실은 앞을 가늠할 수 없을 정도로 혼탁하고 우리 국민 모두에게 하루하루가 살얼음판을 걷는 형국이다. 국민들은 안중에도 없고 서민 경제와 민심을 이반하는 등, 내 정파, 내 식구 챙기기를 위한 아전인수식 정치를 하고 있다.

다시 말한다면 대의 민주주의로 포장한 중앙정치권에서는 민생에 온 힘을 다 쏟아 부어도 부족한 현 난국에서 헌법과 관련 법규가 분명히 존재하고 있음에도 이를 무시한 채 당파의 의견에 따라 민생을 등한시하고 극한 대립으로 양분돼 국민을 우롱하고 있다. 내편의 행동과 말은 무조건 옳은 것이고 상대당의 의견은 가부(可否)를 떠나 적으로 간주하며 정쟁(政爭)의 빌미로 삼아 말꼬리를 잡고 공격한다.

뿐만 아니라 지방정치권에서도 지역주민의 목소리와 시급한 지역 현안 사항은 아랑곳하지 않고 주민들이 갈망하는 지역의 현안들은 산적하여 있음에도 중앙당의 지시와 중앙정치를 모방한 정파싸움으로 지역경제는 더욱 침체되어 가고 있으며 주민들은 더욱 곤곤해지고 있는 실정이다.

이 세상에는 제반 법규가 없어도 누구나 쉽게 행할 수 있는 '도리'라는 것이 있다. 사회적 동물인 인간사회에서 올바른 윤리의식과 가치관이 있다면 덕은 자연스럽게 생성될 것이고 어진 사람이 나타나 지혜와 소통으로 그 사회를 다스리게 되며 만약 올바른 도덕관과 가치관이 없다면 힘이 세고 커다란 집단을 소유한 자가 권력과 무력으로 그 사회를 강제로 지배할 것이다. 그렇다면 과거의 부족 세력에서 진화된 것이 하나도 없다는 것이다.

우리는 도도히 흐르는 강물을 막을 수는 없으며 도리는 자연의 법칙이다. 혹자들은 흐르는 물을 거슬러 올라가면 모험이며 도전이라고 칭송하지만 그것은 일종의 욕심이며 그에 따른 화를 각오해야 한다. 그래서 우리나라에는 사계절이 있는 것이다.

봄이 오면 싹이 트고 꽃을 피우고 여름에는 푸른 잎을 자랑하다 가을이 되면 열매를 맺고 낙엽으로 변신하여 겨울이 되면 다시 땅으로 회귀하는 것이다.

어디 그것뿐이겠는가, 해는 동쪽에서 떠서 서쪽으로 지는 것이다. 콩을 심으면 콩을 얻는 것이고 팥을 심으면 팥을 얻는 것이다. 콩을 심어 놓고 황금열매가 주렁주렁 달리기를 기다리는 것은 자연에 순응하는 인간으로서의 도리가 아니며 상식의 금도를 넘은 억지이며 욕심인 것이다.

배는 흐르는 물길을 잘 다스려야 순항하는 것이다. 우주의 원리에 의해 만들어진 물길을 법과 기준 없이, 그리고 민심의 동의 없이 임의대로 돌리면 물결은 거세지고, 커다란 파도가 되어 순항하던 여객선을 침몰시킬 수 있다는 것을 위정자들은 명심해야 한다.

따라서 나는 항상 민심을 믿으며 민심의 부름에 따를 것이며 민심과 함께하는 지역의 일꾼이 되는 것이 참다운 봉사정신이라 생각한다. 아울러 우리가 걸어가는 길은 일기예보에서 설명하듯 늘 기압골의 영향을 받고 있다.

변화무상(變化無常)한 날씨와 같이 어느 날 어느 곳을 지날 때 햇볕 쨍쨍하던 날씨가 먹구름이 끼고 소나기 혹은 폭풍우로 변하여 우리 앞을 가로막을 수 있다.

한 치 앞을 내다 볼 수 없는 급변하는 세상 속에서 내일은 쾌청하니 우산이 필요 없다는 일기예보만 믿고 맨몸으로 걸어가다가는 큰 낭패를 당할 수 있다. 재난과 재해는 때와 장소를 가리지 않고 예고도 없이 우리를 괴롭히기 때문이다.

세계 경제 역시 어느 날 소용돌이치며 우리의 삶을 괴롭힐 수 있는 것이다. 따라서 눈비가 오는 날이면 서로가 서로에게 우산을 받쳐 주며 어려움을 같이 하는 진정한 마음, 그리고 서로가 서로를 보듬는 따뜻한 마음을 가진 시민정신을 사랑한다.

삶의 출발은 늘 성장통이 기다리고 있다

대망의 2026년이 시작되었다. 올해는 병오년(丙午年) 붉은 기운을 가진 말띠 해다. 말은 에너지가 넘치며 부지런하고 충직한 동물이라는 평이 나있다. 이러한 기운을 이어받아 2월 6일부터 2월 22일까지 세계인의 스포츠 대축제인 제25회 동계올림픽이 이탈리아의 밀라노와 코르티나담페초에서 개최된다. 이 또한 세계인이 함께 하며 힘차게 내딛는 2026년의 서곡이라 생각한다.

우리나라도 2018년 2월 10일부터 2월 22일까지 강원도 평창에서 동계올림픽을 개최하여 경제대국 대한민국의 면모를 세계만방에 알린 적이 있다. 당시 우리나라는 선수 146명, 임원 75명 등 15개 종목에 참석, 금메달5, 은메달8, 동메달4 등

총 17개를 획득, 종합순위 7위를 차지하며 경제는 물론 스포츠 강국으로서의 면모를 갖추었다. 우리나라가 이렇게 비약적인 발전을 하게 된 동기는 산업화의 과정에서 인권과 노동권 등을 희생한 우리의 할아버지 할머니, 아버지 어머니, 그리고 형님 누님 세대들이 피땀 흘리며 일한 덕분이다.

이들 어르신 세대는 6.25 한국전쟁의 폐허 속에서 후세대에게는 더 이상의 전쟁과 가난을 물려줘서는 안된다는 신념하에 허리띠 졸라매며 죽도록 일만 하였던 세대들이다. 60년대에는 '잘 살아보자'라는 정부의 계몽정책 아래 '올해는 일하는 해', '전진의 해', '싸우면서 일하는 해', '건설의 해' 등 해마다 바뀌는 선동적 구호 아래, 미래세대를 위해 아무 조건 없이 희생한 세대들이다.

어디 그것뿐이겠는가? 70년대 산업화 시대에는 저가 제품을 통한 수출 경쟁력 우위를 확보하기 위해 정부는 노동 인권을 등한시 했으며 사업주들은 이 틈새를 악용, 노동자의 인권을 사정없이 유린하였다. 저임금의 열악한 환경 속에서 소녀공들은 고사리 같은 손으로 방직공장, 고무신공장, 가발공장, 봉제공장, 전자부품공장에서 백열전구 아래서 밤을 새워 일을 했다.

또한 소년공들은 유해 화학 약품 냄새가 진동하는 염색 및 피혁공장, 선반공장, 연탄공장, 철강공장 그리고 원양어업 선원으로 일을 하며 고용주와 작업반장의 혹독한 감시 속에 노동력을 착취당했다.

현재 65세 이상의 어르신들은 산업화 과정에서 부강한 조국 건설을 위해 많든 적든 노동력을 무상 제공한 세대들이다. 국민 1인당 소득, 100달러 미만의 불모지에서 현재 3만 6천 달러를 넘긴 공적에는 분명 산업화 세대가 견인차 역할을 했으며 경제대국의 마중물 역할을 했다.

정치적 입장에서 본다면 이승만 부패·독재정권과 항거한 4.19 의거, 70년대와 80년대 군사 쿠데타로 정권을 잡고 민주주의를 유린한 수괴 등에 맞서 저항한 1970년 전태일 분신 사건, 1972년 유신체제 반대 투쟁, 1974년 민청학련 사건, 1979년 8월 와이에이치무역여공사건, 1979년 10월 부마민주항쟁, 1980년 5월 광주민주화운동(5·18 광주항쟁), 1984년 5월 민주화추진협의회(민추협) 결성사건, 1987년 6월 호헌 철폐 민주항쟁 등 이밖에도 많은 민주화운동으로 지금의 경제대국 문화대국 대한민국을 만든 것이다.

특히 매 해년도 5월이 될 때마다, 가슴 저편 미어지도록 아픈 고통이 있다. 오월의 하늘은 푸르다. 푸르고 또 푸르러서 마음이 시릴 때가 있다. 꽃향기 가득한 5월, 가정의 달 5월, 계절의 여왕 5월, 장미의 계절 5월, 여러 가지 수식어가 붙은 5월이지만 마음이 휑하니 저려 오는 것은 어떤 한(恨)이 가슴 속에 응어리진 까닭일 것이다.

따라서 1980년 5월, 광주의 5월이라는 말을 서두에 꺼내 놓으면 상식적인 사람들은 그때서야 슬픈 표정으로 굳어진다. '5.18' 생각하기도 끔찍한 그날, 인간의 탈을 쓰고 위정자로 가장한 금수(禽獸)들은 선량한 민초들을 폭도라는 누명을 씌워 피로 얼룩진 또 하나의 더러운 역사를 만든 것이다. 나는 그 시기 청소년기를 보냈다.

꿈 많고 희망을 노래하고 싶은 중학생의 신분이었던 그 시절, 한창 미래에 대한 삶과 고민이 엄습해 오는 이 시기에 매일 뉴스에 등장하는 '5.18 민주화 운동'에 대한 정부의 시민군에 대한 공격은 눈을 뜨고 볼 수 없는 잔학무도 그 자체였다. 어린 나이임에도 우울한 나날은 계속되고 공부에 대한 의미가 크게 느끼질 않는 시간이 날이 갈수록 많아졌다.

이럴 즈음 국어 시간에 선생님이 책 읽기를 권장하며 여러 추천도서를 칠판에 나열해 가며 써 내려갔다. 앙드레지드의 좁은 문, 유대인의 탈무드, 토마스 하디의 테스, 그리고 헤르만 헤세의 데미안 등 여러 책이었는데 모두가 기억이 나질 않는다.

사춘기 시절 늘 우울한 뉴스 속에 살아 온 나는 그 중에서 독일의 대문호 헤르만 헷세의 단편소설 '데미안'을 읽어 보기로 했다. 당시 내가 읽기에는 좀 난해한 부분도 있었지만 사춘기를 겪는 입장에 동일한 처지라 생각했기 때문이었다. 이야기의 전개는 열 살의 소년이었던 '싱클레어'가 20대의 청년으로 성장하는 과정에서 친구 '데미안'을 만나 일어나는 일련의 사건과 대화는 우리 청소년들에게 무의식의 내면을 깨우치게 하는 철학적 요소가 내포되어 있다. 당시 이 소설은 청소년기에 접어든 나에게 어떤 감동을 주었기 때문이었다.

그렇다면 소설이 담고 있는 상징성은 무엇이었을까. 내용은 어느 정도 기억이 나기에 간추려 적어본다. 당시에는 참으로 지루한 소설이라 생각했지만 그래도 성장통을 앓는 청년의 시각으로 볼 때 글 속에서 나타나는 감정이 자신의 모습과 닮은 꼴인 동병상련의 마음이었다.

소설을 읽는 동안 특별하게 정신이 번쩍 드는 대목은 없었지만 큰 강이 바다로 향해 천천히 흘러가는 무게감을 느낄 수 있었다. 무미건조하게 전개되는 소설 속의 하나의 과정에서 '데미안'이라는 청년이 툭 내뱉는 대화의 내용은 독자의 마음을 사로잡고 생각을 흔들어 놓아 가슴속에서 살아 숨을 쉬게 한다.

가령 전쟁의 와중에 징집이 되어 군 복무를 하는 과정에서도 '거대한 한 마리의 새가 알에서 나오려고 싸우고 있는 것인데 그 알은 세계였고 이 세계는 산산조각이 나지 않으면 안 된다.' 전쟁조차 거대담론적인 하나의 성장통으로 승화시킨 대목이다. 즉 성장하는 과정은 세상에 태어난 어느 누구에게나 아프고 괴롭다는 것을 청소년기를 맞은 나에게 보편적 논리로 이해시키며 알려주고 있는 내용이었으므로 많은 위안이 되었던 책이었다.

어린 시절과 청소년기를 생각하다

사람에게는 누구나 되돌아가야 하는 강이 있다. 내게 그 강은 경기도 의왕시 초평의 시냇물과 들판이다. 계절이 바뀔 때마다 흙냄새는 달라졌지만, 그 냄새는 늘 내 삶의 뿌리였다.

선산에서 올리던 시제는 어린 날의 가장 큰 의식이었다. 매서운 겨울바람에 발이 얼어붙어도, 온 가족이 모여 배, 사과는 물론 약과와 옥춘, 산자 등 시제 음식을 나눴다. 어린 마음에도 "이렇게 추운데 왜 굳이 산에 올라 제사를 드려야 할까"하는 생각이 들었지만, 나이를 먹고 보니 그것이 뿌리를 지키는 일이었다는 걸 알았다.

나는 현재의 행정구역인 의왕시 초평동인 당시 화성군

반월면 초평리에서 태어났다. 마을은 논과 밭이 어우러진 전형적인 농촌 마을이었다. 우리 집은 일을 부릴 소 두 마리를 키웠는데, 여물을 끓이고 풀을 베어와 먹이는 것은 내 몫이었다. 이른 아침 짚단 냄새와 여물 끓는 연기가 섞여 올라오면 하루의 시작을 알리는 신호였다.

아버지는 논농사를, 어머니는 밭농사를 맡으셨다. 1,200평에 달하는 밭은 계절마다 다른 얼굴을 했다. 봄에는 새싹이, 여름에는 고추와 콩이, 가을에는 곡식이 익어 갔다. "한 뼘의 땅도 놀리면 안 된다." 어머니의 말씀이 늘 귓가에 맴돌았다.

아울러 어머니는 항상 아버지의 의견에 순응하며 아버지를 도와 곁에서 김도 매고 때로는 모심기에 전념하는 등 부부 농부의 전형적 모습이었다. 넉넉하지는 못했지만 열심히 일하는 부모 아래서 자란 나였기에 세상의 커다란 파고는 없었던 것으로 기억한다.

가장으로서 책임감이 남다른 아버지는 곡식이 여물면 지게를 지고 제법 거리가 있던 부곡역까지 시장에 내다 팔 농산물을 실어다 주셨다. 어머니는 거기서 기차를 타고 영등포 시장까지 농작물을 내다 팔았다. 나는 가끔 부모님을 따라 괴나리봇짐을 지고 영등포 시장엘 갔다. 시장 바닥은 까맸고, 완장을 찬 사람들이 자릿세를 거뒀다. 장사가 잘되지 않아 자릿세를 못 내면 감자 바구니를 뒤엎던 그들의 기억은 내 마음속에 '정의'라는 불씨를 심었다. 그것은 어쩌면 불의와 타협하지 않는 올곧은 아버지의 마음을 물려받은 것 같다.

당시 내가 자란 곳은 1970년대 중반 이후 경부고속도로와 국도 1호선이 가까워져 교통 편의성이 부각되어 소규모 공장, 창고 등이 즐비하게 들어서 있었지만 대부분 그린벨트 지역이라 개발의 한계성을 드러내 여전히 농촌마을을 유지하고 있었다.

물론 서울 강남 지역의 개발로 아파트가 들어서자 그곳의 화훼농장들이 밀려 내려오고 공장이전으로 인구가 늘어나고 있었지만 계획 개발이 아닌 난립 개발로 사회적 관심을 가진 지역이 되었다. 특히 그린벨트 지역이라 다른 개발행위는 제약을 받았지만 농업을 상대로 한 시설물등은 일부지만 관계 공무원들의 현장 확인 후 허가를 해 주었다. 예컨대 비닐하우스와 축사, 농기계 보관 창고 등 제한적이지만 농민들은 그렇게 큰 불편을 겪지 않았다.

그런데 농민들을 위해 예외 조항을 둔 창고 시설이 문제가 되었다. 법을 악용하여 농가형 창고를 만들어 불법 공장으로 편법적으로 운영하는 곳도 많았기 때문이다. 우리 아버지 또한 고가의 월 임대료를 미끼로 한 제안을 여러 곳에서 받아 왔지만 고지식하고 완고한 아버지는 그들의 달콤한 제안을 거절하고 '송충이는 솔잎을 먹고 살아야 한다'며 쌀과 곡식을 사랑하는 농사꾼으로 남으셨다.

그러한 정의와 정도에 길들어진 나는 대동강물을 팔아먹는 봉이 김선달식의 불의에 어린마음에도 울분이 치밀어 올랐다. 그러나 어찌할 수가 없었다. 힘도 없고 배경도 없는 그냥 농사꾼의 아들이라는 것에 나의 마음을 삭일 수밖에 없었다.

어린 시절 면사무소에서 국민학교(지금의 초등학교) 입학 통지서가 통보되었다. 그때는 왠지 세상을 다 가진 듯 기쁘고 마음은 하늘로 날아가는 느낌이었다. 어린 마음에도 학교에 빨리 가서 공부를 하고 싶은 마음이었다. 학교는 멀었다.

당수초등학교까지 2킬로 남짓한 거리를 걸어 다녔다. 독감으로 도저히 걸을 수 없었던 어느 날, 아버지는 나를 업고 학교까지 데려다주셨다. 단 하루도 결석을 하지 않았던 터라, 그리 해주셨던 것 같다. 이후에도 난 학교를 결석한 적이 없었다. 어린 나이에 느낀 아버지의 사랑과 성실함은 이후 내 삶을 지탱하는 가장 큰 힘이 되었다. 그 시대에 다른 아버지들도 다 그러했겠지만 내가 느낀 우리아버지는 남들보다 더 부지런했고 더 노력하는 그야말로 자연과 함께한 진정한 농사꾼 이었던 것 같다.

내가 기억하는 아버지는 먼동이 틀 무렵 남들보다 먼저 일어나 소죽을 끓이고 부엌에 땔나무를 갖다 놓고 하루를 시작한다. 그리고 말없이 지게를 지고 논두렁 밭두렁을 모두 밟는 것이 일과의 시작인 것이다. 자신의 몫을 묵묵히 감당하던 가장의 모습이 지금도 눈을 감고 있으면 파노라마처럼 그려진다. 거의 다 닳아해진 고무신과 거친 손마디, 햇볕에

그을린 구릿빛 얼굴은 평생의 노동이 만든 훈장과도 같았다.

아버지는 비가 오나 눈이 오나 논과 밭을 지키며 가족의 생계를 책임지느라 "내 몸뚱이가 아파도 아플 시간이 없다"고 늘 이야기 했다. 말보다는 행동으로 가족에 대한 사랑을 드러내신 아버지는 어머니를 여읜 후 더 늙어 간 것 같다.

논매기나 추수철 같은 큰일이 있을 때면 이웃과 힘을 모으는 것이 당연했던 시절, 그는 공동체의 중심이자 버팀목 같은 존재였다. 집에서는 말수가 적었지만, 아이들 학비를 마련하기 위해 새벽부터 밤까지 일하고도 마루 끝에 앉아 막걸리 한 사발로 하루를 마무리하던 소박한 행복을 아는 사람이었다.

자식에게는 크게 엄하지도, 과하게 다정하지도 않았지만, 묵직한 존재감만으로도 삶의 기준이 되어 주던 아버지. 자신의 고단함을 드러내지 않은 채, 더 나은 내일을 위해 오늘을 희생하던 그 시대 농촌 아버지들의 모습은 한국 근대화의 숨은 토대이자 가족을 위한 헌신의 상징이었다.

아버지는 늘 정직하셨다. 여름 방학 때면 퇴비를, 겨울에는 연료로 쓸 솔방울을 한 포대씩 모아 학교에 내야 했다. 아버지는 지게에 퇴비를 지고 학교에 직접 가져다 주셨다. 그 모습에서 나는 '정직과 성실이야말로 자식에게 줄 수 있는 가장 큰 유산'임을 배웠다.

어머니는 절약과 검소함의 표본이셨다. 영농자금을 한 번도 쓰지 않고, 빚을 지지 않고, 땅을 지켜내셨다. 사주를 즐겨 보시던 어머니는 내 사주에 '사모관대'가 있다며 공직자의 길을 걷길 바라셨다. 어머니의 바람은 결국 내 삶의 방향이 되었다.

"가정을 다스리는 지혜는 국가를 다스리는 지혜와 다르지 않다."는 맹자의 말처럼 부모님이 정직과 성실로 지켜낸 집안은 나에게 큰 지혜와 깨달음을 주었다. 가끔 시간이 있을 때마다 힘들고 어려웠던 그 시절을 반추해 보기도 한다.

그 시절 대부분의 학생들은 도시락을 싸와 점심시간이 되면 옹기종기 모여 앉아 식사를 했다. 알루미늄 도시락통에 어느 친구는 쌀밥을 싸오고 어느 친구는 쌀과 보리가 혼합된 혼식 도시락 그리고 보리밥과 김치, 멸치, 때로는 계란프라이 하나가 들어 있으면 '부러운 도시락'이었다. 겨울이면 교실 난로 위에 도시락을 얹어 데웠는데, 밥이 눌어붙어 고소한 냄새가 교실 가득 퍼졌다.

그 냄새는 어린이들의 허기와 따뜻함이 뒤섞인 시대의 향기였다. 지금 생각해 보면 그때는 넉넉하지 않은 살림이었지만 그 또한 하나의 낭만이었던 같다. 그나마도 가난한 아이들은 도시락조차 싸오지 못했다.

그럴 때면 급식이 없던 시절이라 친구들이 조금씩 반찬을 나누어 주기도 했다. 선생님은 "우리는 모두 한마음"이라며 밥 한 숟가락이라도 함께 나눠 먹도록 권했다.

그 시절 학교에서는 학비가 부족한 학생들을 위해 '급우돕기'나 '성금모금' 행사가 자주 열렸다. 지금의 어린이들이 체험학습을 가듯, 당시 학생들은 '근로봉사'나 학교 환경미화 작업에 동원되기도 했다.

이 모든 것은 국가가 강조하던 근면·절약·봉사의 정신을 어릴 때부터 몸으로 익히게 하려는 사회 분위기였다. 초등학교 시절은 내게는 역동적이고 모든 것들이 희망적 요소로 보였다.

뿐만 아니라 그 시절 초등학교는 어쩌면 우리나라 사회의 축소판이었다. 가난, 발전, 경쟁, 그리고 공동체, 이 네 단어가 한 교실 안에 공존했다. 교실 앞쪽에는 태극기와 근면, 성실, 노력이라는 급훈 액자가 나란히 걸려 있고 아이들은 그 속에서 웃고 울며 어린이에서 점차 소년으로 성장해 갔다.

아침 시간에는 국기에 대한 맹세와 국민교육헌장 낭독이 하루의 통과 의례였다. 오늘 우리가 풍요 속에서 교육의 의미를 되돌아볼 때, 그 시절의 초등학생들이 남긴 삶의 흔적은 인간이란 고등동물의 성장은 물질이 아니라 마음에서부터 시작되는 것 같았다. 어린이들의 이야기는 단순한 추억이 아니라, 한 나라가 어떻게 아이를 통해 미래를 만들었는가를 보여주는 살아 있는 역사이다.

초등학교에 다니면서 나는 반장을 맡기도 했고, 웅변과 표어에 소질이 있었다. 저축·반공 같은 주제의 표어 대회에서 곧잘 상을 받았다. 초등학교 시절 7총사를 결성해 드라마 속 인물처럼 놀이를 하기도 했다. 나는 늘 외화 <600만 불의 사나이>의 주인공을 리드하던 오스카 골드먼 역할을 맡았다.

리더십은 놀이 속에서도 자연스레 내게 주어진 것이었다. 초등학교 시절에는 애향단이 있었다. 6개 마을 학생들이 한 초등학교에 다녔는데, 마을에 꽃도 심고 마당도 쓰는 일종의 봉사단이었다. 그때 애향단장을 맡았다. 앞장서서 하는 성격 때문이었다. 고등학교에서는 4H 회장도 하면서 마을에 봉사하는 활동을 했다. 자연스럽게 내 고향 의왕을 사랑하는 마음이 자리 잡았다.

당수초등학교 시절, 나에게 큰 영향을 준 이는 임창덕 선생님이었다. 총각이던 선생님은 늘 내게 심부름 하나를 시키셨다. 당수리에 있던 목장에서 갓 짠 우유를 가져오라는 부탁이었다. 건강이 약해 보이던 선생님이 우유를 드시고 나아지시길 바라는 마음으로 나는 그 길을 매번 기쁘게 달려갔다. 아마 그때, '배움은 누군가의 정성 어린 손길 속에서 자란다'는 것을 깨달았는지도 모른다.

반월중학교에 들어가서는 합창단 지휘자가 되었다.

50여 명의 목소리를 맞추는 일은 쉽지 않았다. 당시 화성군청이 있던 오산에서 열린 대회에 참가하며, 협력과 조화의 가치를 온몸으로 배웠다. 긴 인생 여정에 등수는 그리 중요한 게 아니었다.

체육대회에서 반이 축구 결승까지 올랐을 때, 마지막 승부차기를 내가 맡았다. 공은 골대를 벗어났고, 준우승으로 끝났다. 승부보다 팀을 지켜주지 못한 미안함이 더 크게 남았다. 그 후로 나는 늘 '더불어, 함께 가는 길'을 우선시했다. 내게는 스승과 동료가 그만큼 큰 영향을 주었다.

1980 광주민주화운동(5·18 광주항쟁) 당시 청소년기를 보냈다. 그런 이유로 광주(光州) 아픔은 너무도 잘 안다. 그래서 5월이 되면 나의 청소년기와 요즘의 청소년기를 생각해 본다. 물론 자식들을 키워 본 나로서는 내 자식들의 청년기의 사고와 당시의 흐름에 대하여도 어느 정도는 알고 있다.

그러나 지금의 청년기를 맞이한 세대들은 어떤 생각으로 기성세대의 틈을 파고들고 있으며 또 어떤 방식으로 난관을 헤쳐 나가고 있을까. 누구와 상담하고 누구와 놀며 또 누구와 학교를 다니며 밥을 먹고 누구에게 본인의 아픈 마음을 하소연하며 그 위기를 돌파할까. 시간적 여유가 있을 때마다 생각해 본다. 또한 요즘 청년들은 한 달에 몇 권의 책을 읽으며 주로 어떤 분야의 책을 읽고 있는지 알고 싶을 때가 있다.

그리고 그들은 미래의 삶에 대하여 어떤 생각을 가지고 있는지 가끔씩 궁금할 때가 있다, 지금은 50~60대가 훌쩍 넘은 중장년 세대의 젊은 시절과 비교해 보면 너무도 격차가 심해 딴 세상에서 생활하고 있는 느낌이 들기 때문이다. 20~30년 전만 하더라도 청소년들의 지식과 정보, 교양의 터득은 책과 종이 신문이었던 시절이 있었다.

그러나 지금은 과거 세대와는 달리 세칭 'Z세대', '디지털 네이티브 세대' 등의 청소년과 포노 사피엔스에 속하는 세대들은 지식과 교양, 생활수단, 살아가는 방법 그리고 일상의 업무수행 등 무수한 정보 대부분을 인터넷 포털 사이트 같은 미디어에서 필요한 정보를 얻어내고 있다는 점이다.

뉴미디어의 시대에 살고 있는 청소년들은 개인의 취향에 맞는 오락과 자신이 만들어 낸 문화와 예술적 콘텐츠를 지인들과 공유하며 소통하고 있지만 이러한 콘셉트가 과연 그들의 정서 함양에 어떠한 영향을 미칠까 하는 의구심도 생긴다.

2부

열정의 공직생활

청렴을 머릿속에 담고

청풍양수(淸風兩袖) 라는 고사가 있다 '두 소매 속에는 맑은 바람만 있다'는 뜻으로 청렴한 관리를 일컫는 말이다. 이 말의 유래는 중국 명(明)나라 우겸이라는 관료를 미화시킨 고사로 당시 그가 얼마나 청렴했는가를 가히 짐작할 수가 있는 것이다.

우겸은 명 황제 재위 시 중요한 직책을 보임 받은 고위관료였다. 당시 지방의 관리가 수도로 올라가 황제를 알현하기 위해서는 그 지방의 특산물은 물론, 재물을 중앙의 관리에게 상납하는 것이 관례화 돼 있었다. 그러나 우겸은 매번 황제를 알현할 때마다 빈손으로 올라갔다.

이에 일부 측근들이 "금은보화 같은 재물은 아니더라도 우리 지역의 특산물을 진상하는 것이 신하 된 도리입니다"라며 챙겨줬으나 우겸은 "두 소매에 맑은 바람만 넣고 천자를 알현하는 것이 신하의 도리이며 백성들의 입에 오르내리는 일은 없어야 한다"라며 단호히 거절했다. 과거 중국이나 우리나라의 의복은 소매가 넓어 남몰래 뇌물을 받는 주머니 역할을 하고 있었으므로 넓은 소매에 맑은 바람을 넣고 다니는 것은 그 관리의 행실이 그만큼 청렴하다는 뜻이다.

이러한 고사를 볼 때마다 현대를 살아가고 있는 국민들은 공무원 하면 적어도 우겸과 같이 겸양지덕을 갖춘 맑고 투명한 관리를 원할 것이다. 그러나 우리 국민들이 바라보는 공무원의 모습은 그리 곱지 않다. 언제부터인지는 몰라도 오랜 세월 동안 공무원에 대한 불신은 팽배돼 있고 심지어는 증오까지 느낀다는 사람들도 있다.

이는 어쩌면 관습처럼 이어져 내려오는 공무원에 대한 피해의식과 부정적 편견에서 나온 것 같다. 그 원인은 아마도 우리나라의 역사적 환경과 정치적 상황, 지배계층과 피지배계층 간의 갈등이 주요인이라 할 수 있다.

예를 들자면 조선 중기 부패의 상징인 탐관오리의 등장과 그들로 인한 전결, 환곡, 군역 등 삼정의 문란, 순종 이후 족벌 정치로 인한 매관매직, 그리고 일제 강점기 제 나라를 지키지 못한 지도자급 부패 관료들에 대한 원망, 친일 관료들의 강제 노역과 수탈행위, 한국전쟁으로 인한 혼란기의 무능한 관료들에 대한 적개심, 60~70년대 산업화 과정에서의 공권력 남용, 80~90년대, 2000년대 민주화 과정에서 온 이념적 갈등 등 모든 것이 공무원과 연계된 행위로서 국민의 마음을 이반한 행정 행위 때문이었다.

우리나라 공무원들은 광복 이후, 60년대와 70년대 허기진 배를 움켜잡고 맨몸으로 한강의 기적을 일궈낸 주역들이다. 이 나라가 이만큼 세계 경제대국 반열에 오를 수 있었던 것은 공무원들의 희생과 애국심이 있었기에 현재의 대한민국이 있는 것이다.

지금은 경제적 불안 요인으로 젊은 계층들이 공무원을 선호하고 있지만 70년대 우리나라 엘리트 계층은 공무원이라는 직업은 안중에도 없었다. 수지분석으로 따지자면 일반 대기업의 보수가 공무원보다 2배, 심지어 3배 이상 차이가 난 시기도 있었기 때문이다.

그러나 이제 좀 안정된 기미가 보이자 철밥통이니 부패의 온상이니 하며 평가절하 하는 그들을 보면 당시 열악한 근무 환경과 적은 봉급으로 겨우겨우 고단한 삶을 연명하며 성실하게 살아 온 공무원들에게는 다소 억울한 면이 있다. 그렇지만 나는 그러한 공무원에 대하여 젊은 시절이었지만 어떤 셀러리맨보다는 사회 봉사자로서 매력을 느끼며 관심을 갖게 되었다.

특히 공무원의 꿈을 키우는 것은 평소 부모님의 영향이 컸다고 생각한다. 급여는 적었지만 나름 소신껏 일할 수 있고 나라를 위해 일한다는 자부심이 가슴 깊이 자리잡고 있었기 때문이었다.

사회라는 큰 강에서 노를 저어 나가다

(공직의 첫 발, 실무자 시절 이야기)

1991년 8월, 나는 안양시 동안구청에서 공직 첫 발령을 받았다. 초임 공무원에게 주어진 일은 화려하지 않았다. 마대자루를 들고 청소를 하는 것부터 시작했다. 그러나 성실히 하니, 동료들이 함께 참여하게 되었고, 그것은 구청의 문화로 자리 잡았다.

당시 공무원들의 문화는 어느 누구나 초임 발령시기에는 상급자의 명령에 절대 복종하는 군사문화와 동일하였다. 부서의 허드렛일을 맡아서 해야 하고 제일 먼저 출근하여 캐비닛 문을 열고 선임자의 문서를 꺼내 책상 위에 올려놓은 것이 하루를 여는 의례행사와도 같았다.

그때 당시만 해도 공무원들은 각종 행사 때만 되면 공무원의 신조를 낭독하게 되었는데 그 내용이 그리 싫지는 않았다. "국가에는 헌신과 충성을, 국민에게는 정직과 봉사를, 직무에는 창의와 책임을, 직장에는 경애와 신의를, 생활에는 청렴과 질서를"라는 문구였는데 이상하게도 그 낭독 소리만 들으면 힘이 절로 솟구쳐 오르며 가슴이 벅차오름을 느꼈다. 아마도 나는 공무원 체질이었던 것 같다.

1995년, 동안구민 합창 경연대회 사회를 맡은 것을 계기로 시청 공보실에 발령이 났다. 아나운서이자 PD로서 시정 뉴스를 제작했다. 일주일에 두 편, 15분 분량의 뉴스를 만들며, 도시의 삶을 기록했다. 관직은 책임이라는 선배들의 말처럼 내게 공직은 늘 책임과 봉사의 자리였다.

나는 인사 업무를 오래 맡았다. 8급 서기 때부터 사무관 때까지 인사 분야에 상당 기간 몸을 담았다. 늘 원칙은 '적재적소'였다. 사람이 옳은 자리에 있어야 일도 살아난다. 부탁이나 청탁은 거절했다. 안 되는 일은 안 된다고 했다.

세종대왕은 인사에 엄격했다. "사람을 쓰는 것이 나라를 다스리는 첫 근본이다"라고 말씀하셨다. 특히 "사람을 임용함에 있어 사사로움을 버리고 공정해야 한다. 한쪽으로 치우치면 어진 이를 잃게 된다"고도 하셨다. 나는 그 정신을 좇았다.

인사에서 원칙을 지킨 덕분에 욕을 먹기도 했지만, 조직 전체는 건강해졌다. 건강한 조직은 국민을 위한 좋은 정책을 시행하는 근간이 된다. 공정한 인사는 공무원 조직간의 신뢰이고 최종 인사권자 역시 실무자를 신뢰한 근간이 되며 합리적이고 공평한 인사는 곧 국민의 삶으로 이어진다.

내 인생에서 가장 큰 시련은 어머니의 별세였다. 27세, 공무원 2년 차에 결혼을 앞두고 어머니는 갑작스러운 병으로 한 달 만에 돌아가셨다. 병간호 하던 내게 나가서 맛있는 거 먹으라던 어머니 말씀을 도저히 따르지 못해, 아산병원 계단에서 컵라면으로 끼니를 때우고 나서 어머니께 거짓말로

"맛있는 거 먹고 왔다"고 말씀드리던 순간, "잘 했다"며 지으신 그 미소가 마지막이었다.

그날 이후 삶의 무게는 달라졌다. 아버지를 돌보고, 아내와 함께 가정을 지켜야 했다. 아내는 아버지를 친정아버지처럼 모셨다. 네 번의 큰 수술을 겪으면서도 늘 아버지를 위해 헌신했다. 아내는 1인 3역을 하며 그야말로 내조의 여인으로 변신했다. 내가 직장에서 힘든 일을 당하고 밤늦게 퇴근하면 어느새 눈치로 알아차리고 여러 말을 동원하여 나를 위로해 주며 새로운 힘을 불어 넣어 주었다.

그리고 홀로 남은 아버지를 위하여 건강에 힘을 써 주었다. 또한 자식을 위해서는 야근에 시달리는 내 몫까지 함께해 주는 등 그의 헌신에서 나는 늘 감동을 받았다. 아내가 힘을 보태 주고 응원해 줄수록 돌아가신 어머니의 생각이 더욱 간절해지는 것이었다.

어머니도 아버지한테 저렇게 맹목적 사랑으로 헌신했다고 생각하니 마음이 더욱 애틋해짐을 느끼는 것이다. 그러한 이유로 어머니의 육신은 천상에 머무르지만, 어머니의 깊은 사랑은 내 곁을 떠나지 않았다. 오히려 내 삶을 더 강하게 붙들어 주었다.

내 생에서 가장 긴 비율을 차지하고 있는 부분이 공무원으로 근무했던 기간이다. 그래서 어쩌면 이 부분이 할 말이 많은 부분이다. 공무원으로 첫 발을 내 딛던 날 상사이자 선배 공무원이 이야기를 한다. 과거 공무원에 대한 대우가 좋지 않았던 시절이야기를 어떤 무용담처럼 들려주었다. "봉급 재원이 없어 밀렸다가 세금이 다 걷은 후 몇 개월 치를 한꺼번에 받았다"는 이야기에 설마 그랬을까 하는 의구심도 들었다.

또 어느 선배는 "수용물품이 부족하여 한 달에 마분지 100장, 볼펜심 5개, 복사기가 없던 시절, 먹지로 여러 매수를 뒤에 대고 써야 했기 때문에 먹지 10장을 받아썼다"는 이야기 등 90년대 중반에 입사한 나는 상상도 못하는 이야기다. 정말 전설 속에 나오는 이야기였다.

그럴 즈음 뉴스 때마다 대미를 장식하고 있는 공무원의 부조리에 대한 뉴스를 접할 때마다 참으로 창피하고 안타까운 마음이었다. 일반인이 생각하는 공무원들의 인식은 통상적으로 비리의 온상이라고 폄하되고 있지만 내가 기억하는 선배공무원들의 명예의식은 어느 직업군 보다 대단한 것으로 기억 된다.

정년퇴직하여 일상의 생활로 자리 잡고 계신 60~80년대에 근무했던 선배 공무원들은 재직 시기에 급여보다도 명예를 우선시 했다 한다. 우리나라의 재정 형편이 어려운 시기인 산업화 시대에 처음 공무원에 발을 딛고 보통 30년~40여 년간 한 눈 한번 안 팔고 올곧게 상명하복 정신으로 어려운 근무 환경 속에서 생활해 온 분들이다.

가끔씩 시간이 날 때마다 들려주는 일화에서 “공부는 상위권에 들었지만 가정 형편이 어려워 대학 진학을 포기하고 가문의 영광을 위해 공무원에 들어 왔다”는 이야기를 들을 때는 가슴이 먹먹할 때가 있다.

3부

깨달음의 여정

목민심서를 가슴에 품고

공무원 생활 10년이 지나서야 공무원이라는 존재가 어느 정도 머릿속에 잡히기 시작했다. 그 이전 까지 법령과 규칙, 조례, 지침 등에 따라 기계적으로 움직였고 상급자와 선임자의 지시에 의해 공무를 수행해왔기 때문이다. 정신없이 흘러간 세월이었던 갔다.

내 자신을 돌아보고 내 가족을 돌 볼 시간적 여유는 물론 잠시 시간을 내어 가족들과 함께 편안하게 여행한 기억이 없다. 그래서 지금도 아내와 아들에게는 가장으로서의 역할을 못한 미안함이 늘 마음을 압박 할 때도 있다.

특히 연로한 아버지를 볼 때마다 더욱 그러한 마음이 생긴다.

10년간 내 의지와는 상관없이 오직 제도에 얽매어 그 조직의 굴레 속에서 어쩌면 숨 막히게 달려 온 인생이라 할 수 있다. 공무원은 누구를 위하여 존재하는가, 우리는 늘 교육을 받을 때마다. 공무원은 국민을 위한 무한적 봉사자라고 한다.

공무원으로 처음 채용되어 신규임용과정에서 각종 법령 및 공무원의 정신 가짐에 대한 교육을 받을 때 귀에 못이 박히도록 들었지만 막상 현장에서는 그러한 사항들은 먹히지 않았다. 다만 머릿속에 뚜렷이 남는 것은 헌법에 명시된 "공무원은 국민 전체에 대한 봉사자이며, 국민에 대하여 책임을 지며 공무원의 신분과 정치적 중립성은 법률이 정하는 바에 의하여 보장 된다"는 내용이다.

이유야 어떻든 세월이 어느 정도 흘러서야 나를 되돌아 볼 시간이 생긴 것이다. 어느 해 여름날 모처럼 일주일 휴가를 받았다. 공무원들의 휴가는 말이 휴가지 휴가 중에도 무슨 긴급한 일이 발생하면 비상 소집이라 하여 휴가 기간중에도 나가야한다.

대개가 하계 휴가시 일주일 휴가를 상급자에게 허락받고 가기 때문에 그야말로 풀(full)로 가려면 비상소집이 없기를 바라는 시기였다. 다행히도 그 해에는 휴가다운 휴가를 쓰게 되었다. 모처럼만에 여유를 일부는 가족을 위해 활용하고 일부는 나를 위해 휴가를 즐기기로 했다. 무엇을 할까 이런 저런 생각에 고민하고 있을 때 공무원 신규임용교육 때 읽어본 정약용의 『목민심서』가 번뜩 떠올랐다.

이 번 기회에 다시 한 번 읽어봐야 한다는 생각에 책장에 있는 색바랜책자를 꺼내 읽기 시작했다. 『목민심서』 우리가 잘 알고 있듯이 공무원들의 필독서라는 것은 어느 누구나 잘 알고 있으며, 지방 관료들이 공무를 수행하는 일종의 지침서라고 할 수 있다. 목민심서는 1818년 출간된 책으로서 원본은 48권 16책으로 구성되어 있다. 조선 후기의 지방행정 현실을 비판하고, 백성의 삶을 실질적으로 돌보는 관리를 만들기 위해 저술된 대표적인 실학 행정서이다.

이 책은 지방관이 갖추어야 할 자질과 행정 운영의 기본 원칙을 구체적 사례를 들어 서술하고 있으며, 단순히 윤리와 도덕을 다루는 현실 행정의 운영 매뉴얼로 기능하다는 점에서 가치가 크다. 목민심서는 총 12편 72조목으로 구성되어 있으며, 분량은 부임(赴任), 율기(律己, 자기 자신을 다스림), 봉공(奉公), 애민(愛民), 이전(吏典), 호전(戶典), 예전(禮典),

병전(兵典), 형전(刑典)·공전(工典), 진황(賑荒), 해관(解官, 관원 면직)으로 되어있다. 즉 임용, 청렴, 형정, 부역, 구휼, 세무, 교육, 토지 행정 등 거의 모든 지방행정 영역을 포괄하여 세부적으로 지켜야할 도리를 담고 있는 것이다. 정약용은 각 조목에서 관리의 역할과 책임을 상세하게 제시하며, 무엇보다 "백성을 편안하게 하는 것"을 행정의 근본 목표로 설정하였다.

저자인 정약용은 1801년에 일어난 천주교 박해인 신유박해에 휘말렸다. 당시에는 당파싸움이 심했던 시기라 노론 벽파를 주축으로 정조의 친위세력을 완전히 몰락시킨 사건이라 할 수 있다. 이 과정에서 남인 청류당 계열 가운데 이가환, 이승훈 베드로, 정약종 아우구스티노, 이벽 세례자 요한, 권철신 암브로시오 등의 천주교 신자들이 순교했다.

정약용은 겨우 살아남아 16년간 가장 오지인 강진으로 유배를 가게 되며, 이렇게 기나긴 귀양 생활에서 쓰인 것이 바로 목민심서이다. 특히 목민심서에서 가장 인상 깊은 구절은 서문에 수록된 "오늘날의 백성을 다스리는 자들은 오직 거두어 들이는 데만 급급하고 백성을 부양하는 방법은 알지 못한다.

이 때문에 하민들은 여위고 병들어 줄지어 굶어죽은 시체가 구덩이를 메우지만 다스린다는 자들은 바야흐로 고운 옷과 맛있는 음식에 자기만 살찌고 있으니, 어찌 슬프지 아니한가" 라는 내용이다. 첫째도 백성이요, 둘째도 백성이다.

따라서 목민심서의 가장 핵심은 '애민 사상'이 자리한다. 정약용은 백성을 사랑하고 그 고통을 이해하는 것이 지방관의 첫 번째 의무라고 강조한다. 그는 백성이 기근과 재해로 고통받을 때 즉각적이고 책임 있는 대응을 해야 한다고 말한다.

단순히 구휼미를 배급하는 차원을 넘어, 백성이 다시 생업으로 돌아갈 수 있도록 구조적 지원을 실행해야 한다고 잘 설명하고 있다. 특히 기근 시에 재고미를 숨기거나 구휼 재정을 착복하는 관리들을 가장 강도 높게 비판하며, 이러한 부패가 백성의 생명을 위협하는 가장 큰 악이라고 지적한다. 이처럼 목민심서는 행정이 백성의 생존과 직결된 현실적 문제임을 분명히 인식하고 있다.

또한 정약용은 공직자의 청렴을 관리의 첫째 덕목으로 강조한다. 그는 지방관이 사적 욕망을 절제하지 못하면 행정 전반이 타락하고, 결국 백성은 그 피해의 대상자로 보았다.

목민심서에는 “청렴하지 않으면 다스릴 수 없다”는 표현이 반복되는데, 이는 공직자가 부정한 이익을 추구하거나 친인척을 동원하여 권세를 누리는 순간 행정의 공정성이 무너진다는 강한 경고이다.

정약용은 관리에게 검소한 생활과 절제된 행동을 요구하며, 공금의 사용과 세금의 징수 과정에서 단 1푼이라도 사적 이익이 끼어서는 안 된다고 강조하였다. 이는 오늘날 공직 윤리의 핵심인 ‘청렴과 투명성’의 원칙과 일맥상통하는 말이다.

목민심서는 행정 운영의 ‘전문성’과 ‘능력’ 또한 중요한 덕목으로 다룬다. 정약용은 지방관이 문서 행정만으로는 백성의 삶을 이해할 수 없으며, 현장을 직접 살피고 문제를 눈으로 확인해야 한다고 말했다. 백성의 고충을 듣고 개선책을 마련하는 실천적 행정을 강조한 것이다.

아울러 인사제도에 관한 서술에서는 부패한 인물들의 추천과 천거, 혈연, 지연 중심의 임명, 능력도 안 되는 관리들의 발탁을 강하게 비판한다. 이는 적재적소 즉 능력 중심의 인사, 공정한 평가, 전문성 확보가 행정의 질을 결정한다는 관점으로, 지금의 우리 공직사회가 지향해야 할 방향이라 생각한다.

또한 목민심서에는 세금과 재정 관리에 관한 부분 역시 비중 있게 다루었다. 정약용은 세금은 백성의 고혈(膏血)이라 표현하였다. 따라서 징수 과정에서 부정이나 탈세 묵인은 절대 용납되어서는 안 되며, 세입과 세출이 투명하게 기록되어야 한다고 강조한다. 그는 지방 재정을 개인의 창고처럼 사용하는 일부 관리의 관행을 강도 높게 비판하며, 공금 사용의 투명성과 정확성을 지방관의 핵심 역량으로 제시하였다. 이는 오늘날 공공예산의 투명성, 회계 감사, 정보 공개 제도와 같은 현대 행정 시스템의 기본 원리와 직결된다.

비단 이것뿐만이 아니다. 형벌과 재판에 대한 부분도 중요한 비중을 차지한다. 정약용은 약자에 대한 가혹한 형벌을 강력히 비판하고, 억울한 사람이 생기지 않도록 증거에 근거한 공정한 절차를 강조하였다. 고문을 통한 자백 강요, 권력자의 입김에 휘둘린 판결 등 당시 사법 관행을 질책하며 "형정은 곧 백성의 생명과 명예를 다루는 일"이라고 말한다.

이는 오늘날 법치주의와 인권 보호 원칙의 기초를 이루는 매우 현대적인 내용이다. 그 당시 이렇게 현행 법률제도와 흡사한 내용을 담고 있다는 것이 경이로울 뿐이다.

이처럼 목민심서는 단순히 과거의 행정 매뉴얼이 아니라, 공직자를 위한 윤리적이고 실천적 기준을 종합적으로 제시한 행정 철학서라 할 수 있다.

오늘날 공직사회에 주는 교훈 역시 명확하다. 첫째, 공직자는 권력자가 아니라 국민을 위한 봉사자라는 인식을 가져야 한다. 정약용이 강조한 '백성을 위한 행정' 정신은 현대 민주행정의 가장 중요한 가치이다. 둘째, 공직자의 청렴과 투명성은 조직 신뢰의 출발점이다. 부패는 단순한 개인의 일탈이 아니라 공동체 전체의 기반을 무너뜨리는 행위이므로, 목민심서가 지적한 절제, 검소, 무사 공평의 자세는 지금도 절대적인 기준이다. 셋째, 공직자는 전문성을 갖추고 현장 중심의 실천적 해결 능력을 갖춰야 한다. 정약용이 강조한 "백성을 직접 만나고 살피는 행정"은 시민의 의견을 반영하는 참여 행정, 현장 행정과 일치한다.

넷째, 취약 계층 보호와 공정한 절차의 확립은 행정의 기본이다. 이는 형정·부역·세금 등 모든 영역에서 '약자를 먼저 고려하라'는 정약용의 철학에서 비롯되며, 현대 복지 행정과 인권 행정의 근본 가치이다.

결국 『목민심서』가 지금까지도 공직자 교육에서 중요한 자료로 활용되는 이유는, 이 책이 단순히 옛 문헌이 아니라 '좋은 행정이 무엇인가'에 대한 본질적 기준을 제시하기 때문이다. 정약용이 강조한 애민·청렴·책임·전문성·공정성의 가치는 시대를 넘어 오늘날 공공행정의 지향점으로 다시 읽힐 수 있다.

목민심서는 공직자에게 "백성을 위한 따뜻한 마음과, 스스로를 엄하게 다스리는 강한 원칙"을 동시에 요구하며, 이러한 태도가 실천될 때 비로소 바람직한 행정이 이뤄진다는 교훈을 담은 책으로써 이 글을 읽는 내내 백성을 사랑하는 공직자, 백성을 잘 받들면서 힘들지 않게 하고, 항상 마을에서 지금의 도심에서 시민들의 웃음꽃이 피어나는 세상을 만들고 싶다는 생각이 간절하게 느껴졌다.

강은 어느새 바다로 흘러가고 있다

세월이라는 것은 어느 누구에게나 공평하게 흘러가는 것이다. 가진 자는 느리게 흘러가는 것도 아니고 그렇다고 없는 자에게는 빠르게 흘러가는 것은 아니기 때문이다. 8급과 7급 그리고 6급을 거쳐 나 역시 열과 성을 다한 덕택에 사무관으로 승진을 했다. 공무원으로서 최고의 꽃은 사무관이라고 흔히 말한다.

중간관리자로서 여러 가지 행정행위를 스스로가 행 할 수 있는 위치에 있기 때문이다. 이렇게 대과 없이 여기까지 온 것은 아마도 돌아가신 어머니의 말씀이 몸에 밴 탓도 있었을 것이다. 어머니는 늘 "세상은 순리대로 살아가면 아무 탈이 없다"고 말씀 하셨다.

'순리와 상식'은 어찌 보면 참 쉬운 말이나 어찌보면 참으로 어려운 말인 것 같다.

그것은 살아가는데 있어 사심과 욕심이 과하게 되면 참으로 어려울 것이고 경우에 따라서는 인간들이 피할 수 없는 재앙이 될 수 있기 때문이다. 이러한 것들을 자연적 논리로 접근해서 가장 눈여겨 볼 것은 선각자들의 명언들이다.

고금의 여러 책에서 좋은 글들만 모아 편찬한 명심보감(銘心寶鑑) 천명(天命)편에는 맹자(孟子)의 어록이 수록돼 있는데 선행을 해야 모든 일이 순조롭다는 천도(天道)의 증언이 담겨 있다. 하늘은 착한 자를 권장하고 악한 자를 징계하는 절대자의 위치에서 인간의 윤리를 관장하며 선을 지키고 악을 버리는 것이 하늘의 진리이자 하늘의 명이며 이것이 순리라고 말할 수 있는 것이다.

맹자는 '순천자존 역천자망'(順天者存 逆天者亡)이라고 했다. 다시 말하자면 '하늘에 순종하는 자는 살아남고, 하늘을 거역하는 자는 망한다'는 뜻으로 세상의 이치에 역행하면 죽음을 맞이한다는 것이다. 이 세상에는 제반 법규가 없어도 누구나 쉽게 행할 수 있는 '순리와 상식'이 있다.

사회적 동물인 인간사회에서 올바른 윤리의식과 가치관이 있다면 덕은 자연스럽게 생성될 것이고 어진 사람이 나타나 지혜와 소통으로 그 사회를 다스리게 되며 만약 올바른 도덕관과 가치관이 없다면 힘이 세고 커다란 집단을 소유한 자가 권력과 무력으로 그 사회를 강제로 지배할 것이다.

우리는 도도히 흐르는 강물을 막을 수는 없으며 순리는 자연의 법칙이다. 해는 동쪽에서 떠서 서쪽으로 지는 것이다. 콩을 심으면 콩을 얻는 것이고 팥을 심으면 팥을 얻는 것이다. 콩을 심어 놓고 황금나무 싹이 자라서 황금열매가 주렁주렁 달리기를 기다리는 것은 순리가 아니며 상식의 금도를 넘은 억지이며 욕심인 것이다.

이러한 마음으로 힘들고 어려워도 어머니가 귀에 딱지가 붙도록 말씀하신 순리를 지키려고 애를 쓴 것이다. 사무관은 중앙부처나 상급부서에서 수립한 정책을 현장에서 구체적으로 실행·관리한다. 그리고 정책 초안 작성, 보고서 검토, 예산 편성·집행, 성과 평가 등의 실질적인 행정이 사무관의 손을 거쳐서 시행을 하기 때문이다. 어쩌면 기획의 완성과 집행의 시작점 이라 할 수 있는 양날의 칼을 가지고 있는 형국이다.

그리고 공무원들은 사무관 보직을 받았을 경우 이제 여한이 없다는 말을 누구에게나 하는 것이다. 사무관 시절 또 하나의 보람을 꼽는다면, 후생복지팀장으로서 직원 복지를 획기적으로 개선한 점이다. 기자들의 특권이던 구내식당 별실을 없애고, 직원 대상 독감과 대상포진 무료 접종을 도입했다. 휴양 시설을 늘리고, 건강검진 비용을 올렸다.

공직자는 노동자이며, 권익을 보장받아야 더 나은 봉사를 할 수 있다는 믿음에서였다. 뿐만 아니라 경기도청 공무원 노동조합과 수시로 협의, 공무원의 복지 증진에 노력하여 직원들이 웃고 일할 수 있는 분위기를 만드는 것, 그것이 내가 느낀 가장 큰 보람이었다.

그렇지만 일종의 시련도 있었다. 인사업무를 너무 오랜 기간 보임한 까닭에 직원들 간의 갈등과 불편한 점도 있었다. 예로부터 인사는 잘 되어 영전하면 내가 잘해서 된 것이고 업무 능력이 부족하여 좌천성 인사를 당했을 때는 인사실무자나 인사권자에 잘못 보여 그리 되었다고 남의 탓을 한다.

따라서 정기 인사나 수시 인사 발표 후에는 인사는 잘해야 본전이라는 속어까지 등장했다. 다시 말해 인사는 10명중 2명만 잘된 인사라 평하고 나머지 8명은 불공정 인사로 치부하기 때문이다. 그래서 인사 실무자에게는 항상 적(敵)이 많이 생기게 되어 각종 음해성 설화(舌禍)에 시달리기도 한다.

그런 탓이었을까 나 또한 도 본청 핵심부서인 총무과에서 경기도 의무사무처로 좌천성 전보를 당하기도 했다. 참으로 억울한 일이었지만 누구를 원망하거나 증오를 해 본적이 없다. 오히려 이를 전화위복으로 삼아 더욱 더 열심히 일을 했다.

의회사무처 입법전문위원으로 보직을 받아 근무를 할 때에는 도의원들의 조례 제정과 개정시 상위법에 저촉은 되는지 법령으로써 명분과 당위성이 있는지 여부를 꼼꼼하게 검토하여 도민들의 삶의 질 향상에 도움이 되는 방향으로 유도하였으며 의전팀장 시절에는 의장은 물론 의회 의원들의 의정활동에 한 치의 오차도 없는 업무를 수행하여 많은 도의원들로부터 격려의 박수를 받기도 했다. 역시 진실은 진실한 자만이 알아준다. 새로운 도지사가 부임하고 전면적 인사가 단행되었다. 결국 다시 인사업무를 맡은 숙명을 맞이했다. 역시 '진실은 침몰하지 않는다' 라는 말을 새삼 느끼는 순간이었다.

어느 행정복지센터에서 얻은 철학

팀장이 되고 나서는 가끔씩 경기도 관내 시·군에 출장을 가게 될 기회도 있다. 여러 복합적 사례를 수집할 겸 과거 동사무소였던 어느 행정복지센터를 방문했는데 출입문을 들어서자 제일 먼저 눈에 보이는 것은 사무장 책상 뒤편의 벽면에 걸려 있는 커다란 족자였다. 그 족자 안의 글씨는 예서체로 '명경지수(明鏡止水)'라고 씌어 있었다. 이를 직역하면 '밝은 거울과 멈추어 있는 물'이라는 뜻으로써 마음이 고요하고 잡념과 가식, 허욕이 없이 아주 맑고 깨끗함을 말하는 것이다. 아마도 행정복지센터에 근무하는 분들이 공무원들로 구성돼 있기 때문에 민원인을 대할 때는 언제나 고요하고 깨끗한 마음으로 그리고 친절하게 대하라는 가르침의 의미가 담겨 있는 듯하다.

사실 명경지수의 어원은 「장자」 덕충부편에서 유래됐다. 중국의 춘추전국시대 노나라에 왕태라는 선비가 있었는데 어쩌다 죄를 짓고 관아에서 다리를 절단하는 중벌을 받았다. 그럼에도 그에게 학문을 배우고자 하는 제자의 수가 공자의 제자들과 같을 정도로 많았고 사람들은 그를 스승으로 존경했다. 일부 선비들은 여러 가지로 생각해 보아도 그를 존경할 만한 일을 외형적으로나 내면적으로나 도저히 알 수가 없었다. 이에 제자 중 한 사람이 공자에게 그 이유를 물었다. 한동안 제자의 이야기를 듣고 있던 공자는 "인간은 흘러가는 물에 자신을 비춰 볼 수 없고 고요하게 멈춰 있는 물에 자신을 비춰보아야 자기의 참된 모습을 볼 수 있으며 오직 고요한 것만이 고요하기를 바라는 모든 것을 고요하게 할 수 있다"며 그에게 제자들이 모여드는 이유를 설명했다.

맑고 고요함은 청렴과도 연계된다. 맑고 고요하게 살아가는 왕태라는 선비에게서 청렴한 이미지가 풍겨 나왔고 참다운 배움을 얻고자 하는 사람들은 그의 선각자다운 모습을 감지하고 그의 제자가 되고 싶었던 것이다.

청렴의 사전적 의미는 탐욕이 없이 맑고 깨끗함을 말하며 현대사회에서는 개인별 도덕성은 물론, 의무적으로 지켜야

하는 광범위한 개념으로도 사용하고 있다. 그리고 청렴은 부패행위만 하지 않으면 된다는 소극적 의미를 넘어서 정의감을 바탕으로 통상적 생활 속에 잠재된 공정성과 투명성, 책임성 등 가치를 실천하는 적극적 의미의 행동 기준을 말하고 있다.

우리는 흔히 청렴이란 용어를 일상적이고 상징적 의미에서 공무원들에게만 적용된다고 생각하고 있다. 그것은 아마도 제반 법규의 집행과 단속권, 지도권, 인허가권 등 속된 말로 갑질 할 수 있는 권한을 공무원들이 갖고 있다고 생각하기 때문이다.

그러나 청렴은 공무원뿐만 아니라 정치인들과 공기업, 중앙정부 또는 지방정부의 출연 기관에 근무하는 임직원은 물론, 대기업, 중소기업, 사적 영업에 속하는 모든 임직원들도 여기에 적용된다고 생각된다.

정치인들과 고위관료 그리고 지방자치단체 장이나 행정부와 집행부를 견제하는 의원들의 부정부패는 국민들로 하여금 불신을 안겨주며 결국 사회적, 경제적으로 추가 비용을 발생하게 하는 등 우리나라의 경쟁력을 약화시키는 원인이 될 수도 있다. 거듭 이야기하지만 청렴은 경제적 부를 창출하는 보이지 않는 고급자원이며 국가 경쟁력을 높이는 경제적 가치가 충분이 있는 것이다.

우리 모두가 뼈를 깎는 아픔을 이겨 내며 부패의 고리를 잘라내고 달콤한 비리의 유혹을 뿌리쳐야 세계의 강국과 어깨를 나란히 할 수 있다. 맑고 고요한 물에 비쳐진 공직자들의 청렴한 모습에서 건강하고 부강한 우리나라의 밝은 미래를 담보할 수 있으며 지금같이 여러 경제적 환경으로 타격 받고 있는 어려운 세파를 이겨 낼 수 있는 것이다. 아무튼 '명경지수'라는 사자성어가 출장을 다녀 온 후에도 계속 뇌리 속에서 맴도는 이유는 어떤 연유에서 온 것인지 알 수가 없다.

4부

이재명 경기도지사의 원칙과 애민사상

1. 폭풍우와 파도를 이겨내야
   항구에 도착한다
2. 이재명 경기도지사를 보좌하며
3. 이재명 경기도지사의 철학을 배우다

폭풍우와 파도를 이겨내야 항구에 도착한다

이재명 경기도지사 취임이후 단행된 인사에서 인사운영 팀장으로 발탁되었다. 인사업무는 실무자 때부터 오랜 기간 그리고 다양한 경험을 수행하여 왔지만 왠지 모르게 긴장감이 내 가슴을 엄습해 왔다. 경기도 인사운영 팀장 시절에는 '인사가 만사' 라는 말처럼 최고의 인사권자인 이재명 경기도 지사를 잘 보필하고자 노력하였다.

경기도민의 민생과 안전한 정책을 다루는 청렴한 인재를 등용하고 관리 하는 것은 그리 쉬운 일은 아니다. 공무원 생활 중 대부분의 시간을 인사부서에서 보냈던 까닭에 인사라는 무거운 짐을 짊어지고 많은 길을 걸어갔던 것 같다.

결국 '누구를 어떤 자리에 배치하고 어떻게 쓰느냐'에 달려 있다. 즉 올바른 인재를 적재적소에 배치하는 것이 경기도민의 현재와 미래를 좌우하는 핵심인 것이다. 실무자인 나는 이를 위해서 투명하고 예측 가능한 인사운영을 위해 연간 인사 운영의 기본 계획과 인사 기준, 정기 인사 시기 등을 사전에 투명하게 공개하여 직원들이 예측 가능하게 하는 시스템 운영을 했다.

이는 인사 절차의 공정성을 높이고 불필요한 인사 관련 고충을 예방하는 데 중점을 두기 위함이었다. 또한 성과 기반의 공정한 평가 및 보상을 위해 개인의 업무 성과와 실적에 따른 공정한 평가 제도를 운영했다. 이를 통해 역량 있는 직원을 발탁하여 주요 보직에 배치하고, 성과에 상응하는 보상을 제공함으로써 업무 동기를 부여하는 것이 효율적 인사운용이라고 생각했기 때문이다.

뿐만 아니라 전문성 및 역량 중심의 인재 육성과 직무 중심의 인사를 구현하기 위해 역량평가제를 도입하여 관리자로서의 능력과 자질을 검증했으며, 지속적인 교육 및 훈련을 통해 직원 개개인의 전문성을 함양하고 조직의 경쟁력을 강화하는 내부 시스템도 만들었다.

정부 시책에 걸 맞는, 일과 가정의 양립을 지원하기 위해 출산 및 양육으로 인한 직원의 부담을 경감시키고자 육아 휴직자 복직 시 원활한 업무 복귀 지원, 전보 제한 예외 인정 등 출산·양육 친화적인 근무 환경을 조성하는 인사 시스템을 만들어 운영 했던 기억도 있다.

특히 소통과 화합을 통한 조직 활성화를 위하여 정기적인 인사 고충 상담 창구를 운영하여 직원들의 애로사항을 청취하고 상부에 건의하여 해소하며, 이를 인사 정책에 반영함으로써 소통하는 조직 문화를 만들고 직원 사기를 진작시키는 인사운영을 했다. 인사의 공정성과 신뢰성 확보를 위한 규정 준수 및 윤리성 확보 그리고 「지방공무원법」, 「지방공무원 임용령」, 「경기도 공무원 인사 규칙」 등 관련 법규 및 지침을 철저히 준수하여 인사 업무의 객관성과 윤리성을 확보한 것이 제일 기억에 남는다.

이재명

이재명 경기도지사를 보좌하며

이재명 대통령이 경기도지사를 역임하셨을 때에 나는 2년 반 동안 가장 가까운 곳에서 호흡하는 비서실장을 지냈는데, 이 시기는 내게 국민과 정치에 대한 큰 영감을 받은 기간이었다.

이재명 대통령은 실사구시를 중시한다. 이 대통령은 지사 시절 때에도 항상 현장 경험과 실무 능력을 갖춘 인재를 정책 선봉에 뒀다. 대통령이 되어서도 '실용 중심의 국정운영'을 강조하고 있다. 당시 경기도 슬로건이 '공정한 세상, 새로운 경기'였는데, 이 대통령이 지사 시절 늘 강조했던 억강부약(抑强扶弱) 철학과도 맞닿아 있다. 여기에서 당시 지사님께서 말씀하시는 억강부약은 우리 공직자들이 지켜야 할 여러 철학적 요소가 내포되었던 것이다.

다시 말해서 '억강부약(抑强扶弱)'은 말 그대로 강한 자를 억누르고 약한 자를 돕는다는 뜻의 사자성어이다. 이 말은 단순히 강자에 대한 부정적인 감정이나 약자에 대한 동정을 의미하는 것이 아니라, 사회의 정의와 균형을 유지하기 위한 근본적인 원리로 이해되어야 한다. 인간 사회는 본질적으로 힘의 불균형 속에서 존재해 왔다.

경제적, 정치적, 신체적, 지적 능력의 차이로 인해 항상 강자와 약자가 공존한다. 이러한 상황에서 억강부약은 힘의 불균형이 불의와 부조리로 변질되지 않도록 하는 윤리적 기준이며, 정의로운 사회를 세우기 위한 도덕적 지침으로 작용한다.

억강부약의 유래와 사상적 뿌리는 유교의 정치철학, 특히 맹자의 왕도정치(王道政治)에서 찾아볼 수 있다. 맹자는 인간의 본성이 선하다는 성선설을 바탕으로, 통치자는 백성의 생명을 귀히 여기고 약한 자를 보호해야 한다고 주장하였다. 그는 "민위귀(民爲貴), 사직차지(社稷次之), 군위경(君爲輕)"이라 하여 백성을 가장 중요하게 여겼다. 이는 곧 권력과 강함이 사회를 지배하는 수단이 되어서는 안 되며, 오히려 그것을 절제하고 약자를 도와 사회의 조화를 이루어야 한다는 억강부약의 정신을 잘 보여준다.

조선시대의 정치에서도 억강부약의 이념은 중요한 통치 원리로 자리하였다. 세종대왕은 백성의 생업을 보호하기 위해 세금을 조정하고, 억울한 백성을 구제하는 제도를 마련했다. 그는 또한 노비의 인권을 보호하기 위한 법을 제정함으로써 사회적 약자를 돌보는 정치의 본보기를 보였다. 반면 권세가나 탐관오리가 백성의 재산을 빼앗는 행위를 엄격히 다스린 것도 강자를 억제하여 사회 질서를 바로 세우기 위함이었다. 이러한 정책은 모두 억강부약의 구체적 실천으로 평가된다.

근대사에서도 억강부약의 정신은 이어졌다. 19세기 말의 동학농민운동은 탐관오리의 횡포와 외세의 침략에 맞서 "사람이 곧 하늘이다(人乃天)"라는 구호를 내세웠다. 이는 신분과 권력의 강약을 넘어 모든 인간이 존엄하다는 인식에서 출발한 운동으로, 억강부약의 사상을 사회적 실천으로 확장한 사례라 할 수 있다. 이러한 정신은 이후 민주주의와 인권 사상의 발전으로 이어져 현대 사회에서도 여전히 중요한 가치로 작용하고 있다.

이재명 경기도지사의 철학을 배우다

오늘날 억강부약은 정치, 경제, 사회 전반에 걸쳐 여전히 유효한 가치로 평가된다. 정치 영역에서는 강한 권력자가 국민의 권리를 침해하지 않도록 견제하고, 사회적 약자를 위한 복지정책을 강화하는 것이 억강부약의 실천이다.

경제 분야에서는 대기업의 독점이나 불공정 거래를 규제하고, 중소기업과 노동자의 권리를 보호하는 공정경제 시스템이 이를 구현한 예이다. 또한 사회적 약자인 장애인, 노인, 이주민, 여성, 아동을 위한 제도적 지원 역시 억강부약의 현대적 형태라 할 수 있다. 이처럼 억강부약은 단순히 윤리적 구호가 아니라, 사회 정의와 지속 가능한 발전을 위한 실질적 원리로 기능한다.

그러나 억강부약은 '강자를 무조건 억누르고 약자를 무조건 두둔하는 것'과는 구별되어야 한다. 강자 역시 사회를 발전시키는 에너지이며, 그 힘이 올바른 방향으로 사용될 때 공동체 전체가 이익을 얻는다. 따라서 억강부약의 핵심은 강자의 존재를 부정하는 것이 아니라, 그 힘이 부당하게 남용되지 않도록 제어하고, 약자가 인간다운 삶을 영위할 수 있도록 균형을 맞추는 데 있다. 즉, 억강부약은 대립과 배척의 논리가 아니라 조화와 공존의 원리이다.

결국 억강부약은 시대를 초월한 정의의 원칙이다. 사회가 발전할수록 힘의 불균형은 새로운 형태로 나타나며, 그에 따른 갈등도 심화된다. 기술과 자본, 정보의 힘이 사회적 강자로 작용하는 오늘날, 억강부약의 가치는 더욱 절실하다. 강한 자의 책임 있는 행동과 약한 자에 대한 제도적 보호가 병행될 때 비로소 진정한 정의와 평등이 실현된다.

억강부약은 단지 과거의 윤리적 명제가 아니라, 우리가 함께 살아가는 사회의 지속 가능성과 도덕성을 지탱하는 시대적 과제인 것이다. 이렇게 억강부약은 이 대통령의 정치철학과 도정 운영 방식과 연계되어 행정행위를 집행하는데 있어 하나의 등대가 되었다.

뿐만 아니라 내가 오랜 기간 인사 업무를 하면서 지켰던 원칙과 맥이 같았다. 코로나19가 기승을 부리던 때 과감한 행정명령으로 정부보다도 발 빠른 대응을 보였던 것은 유명하다. 도민들을 위해 해야 할 일을 하기 위해, 도지사로서의 권한을 최대한 활용하는 과감한 결단력과 실행력을 배웠다.

이 대통령은 질문을 잘 한다. 내게도 늘 생각을 물었다. 일을 진행함에 있어 늘 토론과 숙의를 거쳐 다수의 이익을 추구하는 이 대통령의 방식이었다. 나 역시 비서실장 시절 지사의 목소리뿐 아니라 직원들의 목소리를 경청하고 정확하게 전달하는 데에 중점을 뒀다. 당시 기본소득을 비롯해 코로나19 대응, 계곡 정비 등 도민을 위한 올바른 정책 결정에 나름의 몫을 할 수 있었던 것에 감사한다.

비서실장 직을 마치고는 동두천과 광명의 부시장을 지냈다. 부시장으로서의 자리는 단순한 보직이 아니라, 내 삶의 철학이 시험대에 오르는 무대였다. 나는 늘 "행정이 달라지면, 시민의 삶이 달라진다"는 믿음을 가슴에 새겼다. 특히 이재명 대통령의 경기도지사 시절 깊은 감명을 받은 정책과 도민을 위한 행정을 몇 가지 서술해 보고자 한다.

우선 경기도민이 잘 사는 공정과 약자 중심의 '페어 게임' 정책이라 할 수 있다. 공정 행정 철학은 경기도지사 취임 당시부터 억강부약의 논리로 힘있는 자들의 횡포와 부당함에 맞서 힘없는 자들을 도와줘야 한다는 이념으로 경기도 내 하천·계곡 등에 있는 불법 시설을 전수조사하여 1,400여 개의 위법 구조물을 과감하게 정비하고 철거를 추진했다.

그 결과 자연 생태 복원뿐 아니라, 수십 년간 방치되었던 불공정 구조물에 대한 행정의 직접 개입이라는 상징적 의미가 컸다고 볼수 있다. 그리고 체납 세금 관리 강화라 할 수 있다.

체납 세금을 관리하는 팀을 조직해 체납자 개별 방문 조사를 실시했으며, 이를 통해 상당한 세수를 확보했다. 특히 납부 여력이 없었던 생계형 체납자에게는 복지 서비스를 연계하는 방식으로 세금 징수의 공정성과 사회적 연대를 동시에 고려했다고 볼 수 있다.

또한 기본소득 및 지역화폐 활성화라 할 수 있다. 기본소득 실험의 한 단계로써 '재난 기본소득'을 포함해 다양한 형태의 기본소득 정책을 도입했으며 코로나19 위기 당시에는 경기도 전 주민을 대상으로 1인당 10만 원 상당의 지역 화폐 긴급 재난지원금을 지급하는 모델을 실행했다. 아울러 청년 기본소득 정책을 추진해 24세 도민들에게 연 1백만 원의 기본소득을 지급하는 제도를 마련하여 기존 관행적으로 행정을 운영하던 경기도청 공무원들에게 새로운 바람을 불어 넣어 주었다.

지역경제 활성화를 위해 지역화폐를 발행하였으며 이를 경기도 전역으로 빠르게 확산시킨 것은 매우 큰 성과라고 볼 수 있다. 이에따라 발행된 지역화폐 규모는 매우 커졌고, 이를 통해 동네 상점과 소상공인의 소비가 촉진되어 지역경제 활성화에 마중물 역할을 했다. 지역 화폐 정책은 단순한 보조금이 아니라 지역 내 경제 선순환을 만드는 구조로 설계되었다는 객관적 평가를 전문가들로부터 받기도 했다.

당시 이재명 경기도지사의 도민사랑 정신은 복지 정책의 확대와 사회적 안전망 강화정책에서도 볼 수 있다.

출산 보육 지원 강화를 위하여 임신·출산 및 보육 부분에서 경기도는 다양한 지원책을 도입하여 산모를 위한 산후조리 비용을 지원해 경제적 부담을 덜어주었고 어린이집·지역 아동센터와 연계해 신선한 로컬 과일을 제공하는 정책도 시행되었다.

아동 및 청소년 복지 분야에는 초등학교 4학년 학생을 대상으로 치과 건강검진 및 치료를 저비용으로 제공하는 '치과 1차 의료' 제도를 도입했으며 중학교 및 고등학교 신입생에게 무상 교복을 제공하는 정책을 시행해 교육비 부담 경감에 기여했는데, 이는 경기도뿐 아니라 다른 지역에서도 모범 사례로 여겨질 만큼 인기가 있었다고 볼 수 있다.

청년 지원사업으로는 청년 기본소득 외에도, 청년 구직 면접을 위한 면접 수당 제공, 군 복무 청년 대상 교육보험 적용, 보험 연계 등을 통해 청년의 사회 참여와 안전망 강화를 도모했다. 아울러 균형 발전과 인프라 확충에도 많은 비중을 두어 추진함으로써 북부 지역 발전 전략에 힘을 실어 주었으며 경기도 북부지역의 균형 발전을 위해 인프라 투자를 강화했다. 예컨대 제7호선 북부 연장 (도봉산-포천) 사업 등 교통망 확충을 위한 정책적 노력을 기울였다.

또한 북부 지역에 공공기관 일부를 이전하는 계획을 추진해, 행정의 지역 분산 및 일자리 창출을 도모하여 많은 북부지역 주민들로부터 칭송을 받았다. 또한 산업 유치 및 일자리 창출에도 역점을 두어 반도체 클러스터 산업 단지 유치를 통해 대규모 투자와 고용 창출을 이뤄냈으며 지역별로 다양한 테마 산업을 유치해 관광 및 레저 산업을 통한 지역 일자리 확대 전략을 추진했다.

공공 서비스 접근성 강화를 위해서는 공공관리 사무소 프로그램을 통해 노후한 거주 지역에 공공서비스를 제공하였고, 이를 통해 주민의 삶의 질을 개선했으며 CCTV 설치, 안전 설비 보강, 고시원 화재 안전 설비 등을 강화하여 사회 취약 계층의 생활 안전을 증대시켰다.

감염병과 재난관리 위기대응능력 또한 획기적이어서 경기도지사 재임 중 COVID-19 위기가 닥치자, 이재명 지사는 선제적이고 강도 높은 방역 조치와 주민 지원책을 동시에 추진했으며 대규모 검사, 특히 외국인 노동자나 감염 위험이 높은 집단에 대한 검사 확대를 추진하며 방역에 적극 개입하여 COVID-19의 피해를 최소화 하였다.

이재명 경기도지사의 탁월한 정책은 비단 이것뿐만이 아니었다. 재난 기본소득 지원을 지역 화폐 형식으로 제도화 하여 전국적 모범 사례로 선보이며, 경제 충격을 완화하는 동시에 지역경제를 보호하려는 전략으로 대응했으며 저신용자 대상 긴급 대출, 긴급복지 지원, 감염 의심자나 확진자에 대한 소득 손실 보상 제도도 마련했다.

응급 구조 및 안전 시스템 강화를 위해서는 경기도 소방·재난본부와 협력해 헬리콥터 구조 시스템을 운영하였고, 야간 구조 활동까지 가능하도록 체계를 강화했다. 또한, 고시원 등 화재 취약 주거지에 스프링클러와 연기 감지기 설치를 확대해 재난 예방력을 높이는 등 도민 안전을 최우선 정책으로 펼쳤다.

이와 같은 시스템 운영 정책은 주민 삶의 질 개선 및 삶의 만족도 향상을 가져왔으며 양질의 공공 서비스 제공으로 무상 교복, 치과 검진, 공공 안전 설비, 응급 대응 체계 등 다양한 복지와 공공 서비스를 제공함으로써, 도민의 일상 생활에서 느끼는 안정감과 복지 체감도를 크게 끌어올렸다고 볼수 있다.

실제로 여론 조사 결과, 이재명 지사 재임 기간 동안 경기도민의 삶에 대한 만족도가 전국 광역자치단체 단위에서 가장 높은 수준으로 기록된 바 있다.

결론적으로 이재명 경기도지사를 옆에서 보좌하며 느끼고 배운 것은 '공정'이라는 가치 아래 복지 강화, 기본소득 실현, 지역경제 활성화 그리고 위기 대응을 통합적으로 추진한 점이라 할 수 있다. 단순한 분배 정책에 머무르지 않고 지역 통합과 균형 발전, 주민 참여 등 구조적 개혁을 함께 엮는 전략으로 행정을 추진해 나갔다는 점, 우리나라에서 인구가 가장 많고 다양한 환경을 갖고 있어 대한민국의 축소판이라는 경기도라는 광역자치단체에서 실질적인 변화를 이끌어냈다는 평가로 기록 되었다는 점이다.

이재명 경기도지사가 펼쳐낸 정책에는 항상 도민의 마음을 먼저 읽으려는 따뜻하고 배려하는 마음이 담겨 있고, 실무자의 의견도 존중하는 최종 결재권자로서 과감한 결정은 나에게도 지혜의 샘으로 작용한 큰 강물줄기와 같은 것이었다.

5부

최일선에서 현장행정을 배우다

1. 동두천시 부시장 시절 이야기
2. 광명시 부시장 시절 이야기

동두천시 부시장 시절 이야기

민생의 안정은 현장에 답이 있고 시민들과의 소통에서 모든 행정운용의 정확한 방향이 나온다는 것을 30여년 공직생활에서 터득 했습니다. 이제 부터는 실무자가 아닌 현장 소장으로서 매사 꼼꼼하게 살피는 것이 최선이며 그것이 행정가다.

2022년 1월 1일자로 제36대 동두천시 부시장에 취임하면서 "공직자들이 쌓아놓은 기반을 바탕으로 동두천의 위상을 한 단계 끌어올리겠다"고 밝히며 공직자들의 협조를 유도했다. 당시 동두천시는 경기도 북부에 위치한 시로써 인구는 약 9만명으로 인구 이탈 조짐이 감지되고 있는 곳이다.

서울에서 가까운 거리에 있음에도 접경지역과 지근거리에 있는 것이 인구 유입에 커다란 제약 요인이 되었던 것이다.

전체 면적은 약 95.66㎢로, 경기도 면적의 약 0.9%에 해당하고 있지만 이 면적 중 약 42%는 미군 공여지에 속하며, 군사시설 보호구역도 상당한 비율을 차지하는 등 개발에 있어서도 많은 제한적 요소를 담고 있다. 주요 지형 및 토지 구성요소로써는 시 면적의 상당 부분이 임야로 구성되어 있으며, 자연환경이 비교적 보존된 지역이 많다.

도시 계획구역, 군사시설보호구역, 미군 공여지 등이 중첩되어 있어 토지 이용이 다소 복합적이다. 인프라 및 공공시설은 경기도내 다른 시군과 비교할 때 비교적 시내 도로가 잘 정비되어 있으며, 도로 개설율이 높은 편이다. 수자원 및 생활기반, 상수도 보급률이 높고, 하수처리 시설도 충분히 확보되어 있으며 다수의 공원 및 녹지가 확보되어 생활환경도 대체적으로 양호한 지역이다. 경제 및 산업 구조에 있어서는 동두천시에는 약 9,300여 개의 기업체가 있으며, 대부분은 중소기업으로 영세한 편이며 이러한 연유로 이들 기업에 대한 행정기관의 도움이 필요한 곳이다.

우선 각종 공사 현장부터 확인 점검 했다. 그리고는 동두천 발전을 위한 역점사업을 차질 없이 추진하겠다는 의지를 표명하며 직원들과 합심하여 시장을 보필하며 열심히 일을 했다.

특히 코로나19 상황 속에서 취임하고, 재난안전대책본부와 보건소 대책반을 찾아 현장 점검을 하며 방역과 안전에 대한 책임을 강조했다.

뿐만 아니라 지역 고용 안정과 섬유산업 활성화를 위하여 재임 기간 동안 동두천은 고용안정 선제대응 패키지사업(고선패)에 참여해, 경기도-고용노동부-양주시-포천시-동두천시 컨소시엄을 구성하여 나름 열심히 노력했으며 이 사업을 통해 향후 5년간 약 390억 원 규모의 투자를 유치했고, 국비와 지방비를 합쳐 동두천 등 경기북부 섬유제조업 지역에 대한 일자리 지원, 고용 안정화, 섬유 산업의 기술 혁신 등의 과제를 추진했다.

특히 '섬유산업 위기 기업 지원', '기술 인력 양성' 및 '스마트 역량 강화'와 같은 프로그램을 통해 전통 섬유산업의 경쟁력을 높이는 전략을 모색하여 이 분야의 발전에 도모했다고 본다. 아울러 "원칙과 소신"을 앞세운 공직 풍토 개선 및 조직 운영으로 일하는 분위기에 앞장을 섰다.

이러한 노력은 동두천시 조직 운영에도 긍정적인 영향을 미쳤고, 특히 공직 문화 속에서 책임감 있고 원칙 중심의 행정을 이어가는 데 기여한 것으로 스스로 평가를 한다. 동두천 시민의 안전을 위하여 한국가스안전공사와 지자체 중 최초로 캠핑장 가스사고 예방을 위한 일산화탄소 경보기 지원사업 업무협약을 체결하는 등 안전의 중요성을 부각 시키는 행정도 추진하였다.

광명시 부시장 시절 이야기

이러한 신념은 광명시 부시장으로 부임한 이후에도 변함없이 추진하였다. 우선 소통으로 시작하였다. 광명시는 경기도 서남부에 자리하고 있으며 서울과 경계를 맞대고 성장해 온 도시로써 수도권의 관문이라는 상징성을 지닌 곳이다. 면적은 38.52㎢, 인구는 약 29만 명이며 광명동 일대를 재개발하는 계획인 광명뉴타운을 계획하였으며 광명동 거의 대부분이 포함될 만큼 그 규모가 크며 개발행위가 왕성한 지역이다.

지리적 환경으로는 서울특별시와 연접되어 있어 서울특별시로 출퇴근하는 인구가 많다. 광명시내 상권뿐만 아니라 직업과 관련된 생활권이 인근 서울 지역인 경우가 많았다.

가산동에서 근무하는 광명시민만 약 1만 3천여 명으로 추정하고 있다. 또한 도시를 가로지르는 산과 하천, 그리고 촘촘히 자리한 주거지와 공공시설이 조화를 이루며, 일상과 자연이 가까운 도시라는 특징을 만든다. 특히 광명동굴은 광명의 변화를 상징하는 대표 명소로, 폐광을 문화·관광 자원으로 재탄생시켜 도시 재생의 성공 사례로 손꼽힌다.

광명시는 교통 접근성이 뛰어나 서울 도심은 물론 인근 산업, 업무 지역과의 연결이 수월하며, 최근 들어 광명·시흥 신도시 개발이 본격화되면서 미래 성장 가능성 역시 높게 평가받고 있다. 이러한 개발과 성장의 흐름 속에서도 시민을 위한 공원 조성, 도서관 확충, 복지 인프라 확대 등 생활 기반 시설에 꾸준히 투자하며 정주 여건을 개선해 왔다.

또한 광명시는 공동체 의식이 강한 도시로 알려져 있으며, 다양한 문화 축제와 시민 참여 프로그램을 통해 지역의 연대감을 키워 왔다. 자연과 문화, 삶의 기반이 균형 있게 어우러진 광명시는 변화와 안정 사이에서 조화로운 도시의 모습을 만들어 가고 있어 광명시의 발령은 내가 일 할 수 있는 발판이 되는 도시라 생각했다.

임기를 시작하자마자 동두천 부시장 시절과 동일하게 건설 및 도로 공사 현장위주로 확인 점검 하는 한편 소통을 위해 곧바로 관내 유관기관들을 찾아다녔다. 대한노인회 광명시지회, 광명소방서, 시의회, 교육지원청, 경찰서 등 여러 기관장을 만나 '현안'을 듣고, 함께 해결의 길을 모색했다.

노인복지 증진, 공동주택 소방차 전용 구역 확보, 교통안전 시설 개선, 가정폭력 예방 등 다양한 주제가 논의되었다. 이 과정에서 느낀 점 역시 "정책은 탁상 위에서 나오는 것이 아니라, 현장에서 사람들과 마주했을 때 살아난다"는 것이었다.

정순욱 광명시 부시장, 취임식 생략 18개 동 현장 방문

김춘성 2024. 2. 14. 11:16

<정순욱 광명시 부시장이 취임식 대신 각 동을 찾아 직원들과 인사했다>

정순욱 광명시 부시장이 지난 5일부터 13일까지 18개 동 행정복지센터를 차례로 방문 직원들을 격려하고 지역 현안을 챙겨 눈길을 끌었다. 14일 광명시에 따르면 정순욱 부시장은 이번 동 방문에서 격식을 갖춘 인사 대신 편안한 분위기 속에서 직원들과 대화를 나누며 의견을 경청하고, 주요 현안 사항과 지역 여론에 대한 정보를 수집하며 시정 정책에 반영할 방안을 논의했다.

정 부시장은 “동 직원들은 시민과 가장 가까이 있는 존재이며, 시민 만족도 향상의 주요 역할을 담당한다”고 강조하며, “앞으로도 시민들에게 더 나은 서비스를 제공할 수 있도록 노력해 주길 바란다”고 당부했다. 한편 정순욱 부시장은 지난 1월 2일 취임 시 별도의 취임식을 개최하지 않고 내부 게시망에 글을 올리는 것으로 대신하고 이후 현장 소통 행정을 강조하며 시청 각 부서 및 소속기관을 방문해 직원들과 소통하고 현장에서 직접 시민들의 목소리를 듣고 불편 해소 방안을 모색하는 데 힘써 왔다. 정순욱 부시장은 “앞으로도 끊임없는 현장 방문을 통해 직원들과 소통하고 협력하여 시정 운영의 투명성을 높이고 시민 만족도를 향상시켜 나가겠다”고 밝혔다. / 광명=김춘성기자 kcs8@dt.co.kr

광명은 전국에서 손꼽히게 개발사업이 활발히 진행되는 도시였다. 신도시 건설, 도시재생, 대규모 SOC 사업이 동시에 얽혀 있었다. 그래서 무엇보다 "사람을 제대로 배치하는 일"이 중요했다. 나는 시설직 공무원을 주요 개발부서에 전진 배치했다. 개발은 단순한 행정이 아니라 전문성이 필요한 영역이었기 때문이다. 이 작은 변화는 사업 추진의 효율성과 전문성을 동시에 끌어 올렸다.

[이 사람] 구름산지구 개발 주도 정순욱 광명시 부시장

광명=김동우, 김아영 기자 2025. 8. 27. 08:58

머니S

'행정통' 노하우 발휘, 구름산지구 낙찰률 106% 기록
"공직자, 시민 위한 존재 … 정직·열정이 기본적 덕목"

지난 19일 <머니S> 취재진과 인터뷰에서 정순욱 광명시 부시장은 광명 구름산지구 도시개발사업과 관련해 "A5블록 재매각 과정에서 금융 전문가들과의 자문회의를 직접 주재하며 매각 조건을 대폭 완화했다"며 "사업 구조상 채비지 매각이 성패를 좌우하는 만큼 관련 절차와 협의를 세밀히 관리하는 데 힘을 보태 왔다"고 밝혔다. / 사진=김아영 기자

대표적으로 광명시 부시장 재임시 구름산지구 도시개발사업과 관련한 체비지 매각이다. 광명시가 부동산 경기 침체 속에서도 답보 상태였던 구름산지구 도시개발사업을 본격적으로 추진하며 긍정적인 성과를 낸 것이다. 시 전체 면적의 42%에 달하는 대규모 개발 사업들을 진두지휘하며 '행정통'으로 불릴 만큼 관련업무에 진력한 기억이 있다.

A5블록 재매각 과정에서 금융 전문가들과 직접 자문회의를 주재하며 매각 조건을 대폭 완화한 결과 구름산지구 개발 매수 예정자들의 적극적인 참여를 유도해 최종적으로 2,333억 원의 매각 대금을 확보, 낙찰률 106%를 기록했던 것이다. 이는 시가 약 300억 원의 추가 수익을 올린 성과라 볼 수 있다. 이로 인하여 광명시 미래 개발사업의 큰 축인 광명 구름산지구 도시개발사업의 초석을 마련했다는 평가를 시민들로부터 받기도 했다.

시가 직접 시행하는 76만㎡ 규모의 전면 환지방식이 핵심으로 사업비 확보에 큰 기여를 했으며 광명 구름산지구 도시개발사업은 토지소유자 1,400여 명, 거주 인구 수 1,600여 명, 거주세대 수 890세대, 지장물 수 6만여 건으로, 점유자와 점유물건 수가 많고 밀도가 높아 전국에 유례가 없을 정도로 사업시행에 불리한 조건을 갖추고 있는 난제가 겹겹이 쌓인 어려운 사업이었다. 이 사업은 지자체가 시행하는 환지방식의 사업 중 66만㎡ 이상 규모로는 유일무이하다.

보상비는 총 사업비 3,525억 원의 약 30%인 1,037억 원에 이르고, 사업 특성상 체비지 매각 금액으로 사업비를 마련해야 해서 체비지 매각이 사업의 성패를 좌우할 정도로 중요한 문제였다. 그럼에도 이를 잘 이끌어나가 구름산지구 도시개발 사업의 근간을 마련한 것이다.

안전에 대한 시민들의 요구 또한 점점 높아졌다. 나는 안전관리, 보건관리, 재난안전 분야의 인력을 확충하여 보다 든든한 안전망을 마련하고자 했다. 안전은 행정의 사치가 아니라 최소한의 약속이었다. 공직사회의 인력 운용에도 혁신이 필요했다. 임용 대기자를 실무수습으로 조기 투입하고, 일방전입을 통해 결원을 채웠다. 행정의 공백을 최소화하고, 조직의 안정성을 유지하기 위해서였다. 이러한 노력이 모여 광명시는 행정안전부로부터 인력 운영 효율 우수 지자체로 선정되어 특별교부세 1억 3천5백만 원을 확보하는 성과를 거두었다.

29일 광명시청에서 열린 ‘국치일 찬 흰죽 먹기 행사’에서 공무원들이 흰죽을 먹고 있다. 이번 행사는 1910년 8월 29일 일제에 의해 나라의 주권을 빼앗긴 후 선조들이 ‘국가적 치욕’을 잊지 않기 위해 찬 음식을 먹었던 전통에서 유래됐다.

29일 광명시청에서 열린 ‘국치일 찬 흰죽 먹기 행사’에서 정순욱 광명시 부시장이 인사말을 하고 있다. 이번 행사는 1910년 8월 29일 일제에 의해 나라의 주권을 빼앗긴 후 선조들이 ‘국가적 치욕’을 잊지 않기 위해 찬 음식을 먹었던 전통에서 유래됐다.

경기일보 2024년 8월 29일

기아AutoLand광명-초록우산, 아동 위한 ‘희망의 K-박스’ 10년째 이어가

승인 2024-07-07 13:35

이나경 기자 greennforest21@kyeonggi.com
기자페이지>

지난 3일 기아AutoLand광명에서 진행한 광명시 저소득가정 아동을 위한 식료품 포장 및 전달 행사 ‘기아드림 희망의 K-박스’ 전달식에 참석한 관계자들이 기념촬영을 하고 있다.
/ 초록우산 경기북부지역본부 제공

••• 경기일보 2024년 7월 7일

공직문화를 바꾸는 일에도 심혈을 기울였다. 나는 늘 강조했다. “공무원은 시민의 행복과 안전을 최우선으로 삼아야 한다. 이를 위해서는 먼저 직원이 행복해야 한다.” 그래서 직원들에게 적극행정을 실천할 동기를 부여했다. 그 결과 두 명의 공무원이 광명시 최초로 적극 행정 승급 인센티브를 받았다. 작은 변화가 공직사회에 새로운 바람을 불러 일으킨 것이다.

NH농협 광명시지부, 고향사랑기부금 200만원 기탁

승인 2025-02-05 15:14

김용주 기자 kyj@kyeonggi.com
기자페이지>

정순욱 광명시 부시장(왼쪽)과 서외석 NH농협 광명시 지부장이 고향사랑기부금 전달식을 마치고 기념촬영을 하고 있다. / NH농협 광명시지부 제공

••• 경기일보 2025년 2월 5일

나는 신규 직원들의 퇴사 문제에도 마음을 쏟았다. 퇴사가 잦아지면 조직은 활력을 잃고, 시민에게 돌아갈 서비스도 약해진다. 그래서 도입한 것이 멘토-멘티 제도였다. 선배 공무원이 신입 직원의 멘토가 되어, 단순한 업무 지도를 넘어 정서적 유대와 조직의 일원으로서의 자부심을 심어주는 것이다. 사람은 결국 관계 속에서 버티고 성장한다.

광명시청소년재단,
중국 랴오청 청소년 국제교류단 환영식 개최

승인 2025-08-03 13:14

한준호 기자 hjh1212@kyeonggi.com
기자페이지>

정순욱 광명시 부시장(첫줄 왼쪽에서 여섯 번째)이 지난 1일 오후 테이크호텔 루미나스홀에서 열린 '중국 랴오청시 청소년 국제교류단 환영식'에 참석해 광명 청소년, 중국 랴오청시 청소년과 기념사진을 촬영하고 있다. / 광명시 제공

••• 경기일보 2025년 8월 3일

이러한 변화들은 곧 성과로 이어졌다. 경기도의 시·군 종합평가에서 광명시는 우수한 성적을 거두었고, 2024년 우수기관에 이름을 올리며 재정 인센티브 1억 원을 확보했다. 성과는 곧 시민에게 돌아갔다.

광명시, 이례적 폭염에 긴급 회의 … 전 부서 총력 대응 주문

승인 2025-07-10 16:53

한준호 기자 hjh1212@kyeonggi.com
기자페이지>

정순욱 광명시 부시장이 10일 오후 시청 재난안전상황실에서 열린 '2025년 폭염 종합대책 회의'를 주재하고 있다. / 광명시 제공

••• 경기일보 2025년 7월 10일

예산 절감을 위한 용역 직접 시행, 정수장 차염시설 설치, 주요 SOC 사업 추진 등도 모두 같은 맥락이었다. 작은 절약과 철저한 준비는 결국 시민의 생활을 안전하고 윤택하게 만드는 기반이 된다.

특히 안전에 있어서는 현장을 누비며 보고 듣고 확인하는 성격을 가지고 있어 꼭 점검과 문제점이 발견될 경우 바로 대응방안을 마련하는 것이 최상의 행정이라 생각하고 임해왔다. 안전은 현장에서 지켜야 할 기본이기 때문에 취약시기를 중심으로 현장 확인을 했다. 우기에 대비해 광명시흥 테크노밸리를 비롯한 관내 건설공사장 3개소 현장 안전점검을 실시했으며 우기에는 지속적인 강우로 인한 토사 유실, 침하, 감전, 고소작업 중 미끄러짐 등 각종 사고 위험이 높아지는 만큼 각별한 관리를 했다.

광명시흥 테크노밸리를 비롯한 관내 건설공사장 3개소 현장에 방문해 안전점검을 실시했으며 광명시흥 테크노밸리, 광명제12R구역 주택재개발 정비사업 등 건축물 공사현장과 목감천 하천정비사업 등을 대상으로 수해 방지 대책 수립 여부, 배수처리 시설 설치 상태, 절토·성토사면 관리와 배수로 적정성 등을 점검했다.

건축물 공사현장은 터파기로 인한 인접 시설물 침하와 피해 여부, 계측관리 상태 등을 확인하는 한편 하천 정비사업장은 자재 보관과 제방 시공 상태를 중점 점검하는 등 모든 것은 시민들과의 안전과 연계하여 매사에 꼼꼼히 챙겨보았다.

돌이켜보면, 광명에서의 2년은 단순히 부시장의 임기를 보낸 시간이 아니었다. 그것은 행정이 어떻게 사람의 삶을 바꿀 수 있는지 보여준 실험실이었다. 그리고 그 실험은 성공적이었다. 내 삶은 결코 화려하지 않았다. 그러나 나는 늘 검소하고 성실하게 살았다. 눈을 돌리지 않고 한 길을 걸었다.

내 삶은 부모님의 땀, 스승의 가르침, 동료들의 신뢰 위에 세워졌다. 삶은 결국 기억의 강물이다. 그 강물 위에 흙냄새 나는 어린 시절, 부모님의 땀, 스승의 가르침, 동료들의 웃음, 시민들의 목소리가 겹겹이 흐른다. 나는 그 강물 속에 서 있다. 흔들리되 꺾이지 않고, 작지만 바르게, 끝까지 성실히 나아갈 것이다.

“인사는 차갑게·복지는 뜨겁게 …
공직 경험, 청년 미래 밑거름”

이재명 경기도지사때 기억에 남는 일
계곡정비 추진단장때 합법적 지원 주목
코로나 방역 정부보다 빠른 대처로 호평

이재명 대통령이 경기도지사로 재직할 당시 비서실장을 역임했던 정순욱 광명시 부시장은 30여년간 공직에서 잔뼈가 굵은 인사이기도 하다. 공직 생활을 마무리하는 시점에서 만난 정 부시장이 지난 17일 자신의 사무실에서 “평생 쌓아온 지방행정에서의 경험과 노하우, 경기도에서 맺은 좋은 인연을 값지게 쓸 수 있으면 좋겠다”고 말하고 있다. 2025.11.17.
/ 최은성 기자 ces7198@kyeongin.com

경기도지사가 대통령이 되기까지 경기도의 수많은 인물들이 맡은 위치에서 최선의 노력과 성과를 이끌어냈다. 그 중심에는 비서실장 정순욱의 역할이 적지 않았다.

정순욱 광명시 부시장은 "이재명 대통령이 당선될 때 사실 마음이 많이 뿌듯했다"며 "2년 6개월여간 경기도지사 비서실장을 하면서 워낙 지금 대통령께서 워크홀릭이니까 샤워할 때도 전화기를 들고 들어갔다"고 대통령과의 특별한 인연을 소개했다.

그러면서 "제가 실국과 통화해 지시 내용을 전달하고 다시 보고드리는 시스템으로 근무하면서 많은 배움이 있었다"며 "특히 간담회 등 현장에서 목소리를 듣다 보면 마음이 약해질 수도 있지만 그런 부분에 굴하지 않고 방향이 잡히면 그대로 이끌어가는 부분에서 '행정은 저런 분이 해야 한다'는 느낌을 받았다"고 덧붙였다.

> 이재명 대통령이 워낙 워크홀릭
> 샤워할 때도 전화기 들고 들어가
> 방향 잡히면 그대로 이끌어
> '행정은 저런 분이 해야하나' 느껴

2020년 당시 시민들로부터 큰 호응을 얻었던 '하천 및 계곡정비' 사례를 들었는데, 정 부시장이 처음 계곡정비추진단장을 맡아 토대를 만들었다. 그는 "불법 행위에 대해서 협의를 하다 보면 일정 부분 절충안을 찾기도 한다. 하지만 당시에는 불법을 해소하고, 다른 방법으로 합법적인 지원책을 찾았다는 점에서 달랐다"며 "간담회를 중계했고 이를 본 시민들이 감동을 받았다는 반응을 받기도 했다"고 회상했다.

수십년 넘게 관행적으로 계곡에서 장사를 해온 상인들에게는 생계수단이었던 만큼 불법이라 하더라도 물러설 수 없었다. 그러나 원칙에 맞춰 행정을 하면서 상인들이 생계를 유지할 수 있는 지원 방안을 도출했다는 점에서 주목을 받았다.

코로나19 대유행 시기의 방역에 대해서도 언급했다. 코로나19 팬데믹 상황에서 경기도는 정부의 지침보다도 빠른 대처로 호평을 받았다. 그 뒤에선 의사와 한의사 간의 갈등으로 대응이 쉽지 않은 상황이 발생했지만 경기도의 중재로 부족한 의료자원을 채울 수 있었다는 게 정 부시장의 회고다.

정 부시장은 "시급한 부분을 먼저 채우고 그 중간에서 발생할 수 있는 갈등이나 간극을 메우는 것이 행정이라고 생각한다"며 "행정이 이렇게 돌아가야 한다는 모범적 사례를 경험할 수 있었다"고 당시를 되돌아봤다.

이재명 대통령이 경기도지사로서 마지막으로 출근한 지난 2021년 10월 25일, 퇴임 기자회견을 위해 정순욱 도지사 비서실장과 브리핑룸으로 이동하고 있다. / 경기도 제공

정 부시장은 이재명 당시 경기도지사 비서실장으로서뿐 아니라 경기도에서 다양한 경험을 쌓은 인물이다. 인사업무를 맡으며 때로는 차갑게 판단해야 했으며, 후생복지 업무를 맡을 때에는 누구보다 따뜻한 마음으로 빈 곳을 채워넣어야 하는 일을 해왔다.

그는 "인사업무를 하다 보면 정말 많은 사람들과 깊이 인연을 맺고 그들의 속사정을 이해해야만 한다. 그런데도 내 판단에 서운함을 갖는 사람도 생길 수밖에 없는데, 냉정하게 판단하는 능력이 생겼다"고 했다. 반대로, 우려의 목소리가 있었음에도 직원들의 업무효율을 높이기 위해 안마사협회와 협약을 맺고 안마서비스를 도입한 사례 등은 따뜻한 마음으로 부족함을 찾아내는 능력을 확인할 수 있는 사례이기도 했다.

광명시 크고 작은 현안 방향은
구름산 채비지 매각 시민 재산가치 지켜
신안산선 사고 촘촘한 대응 피해 최소화

사진/최은성 기자 ces7198@kyeongin.com

이런 대통령과의 인연이, 경기도정에서 경험한 행정과 그 과정에서 쌓인 철학이 정 부시장에게는 무엇으로 나타났을까.

광명시 부시장으로 근무하면서 공직에서 쌓은 다양한 경험과 '이재명식' 경기도 행정의 기억으로 광명시의 크고 작은 사안에 방향을 제시하고 있다는 설명이다.

먼저 구름산지구 채비지 매각에 있어 시민들에게 돌아갈 재산 가치를 지켜낸 사실을 소개했다. 정 부시장은 "광명 구름산지구 채비지 매각 당시에는 부동산 경기가 좋지 않아 헐값에 토지를 넘겨야 하는 상황이었다"면서 "그럼에도 시민들에게 돌아갈 시의 자산이기에 보다 높은 가격을 인정받아야 했고, 여러 분석을 통해 예상보다 최소 수백억원 높은 가격으로 판매할 수 있었다"고 했다.

이밖에도 신안산선 광명구간 공사현장에서 발생한 사고에서도 그간의 경험이 빛났다. 정 부시장은 "바깥에서 봤을 때 아무런 변화가 없었지만, 혹시 모를 사태에 대비해 통행을 막고 재난 경고 알림 메시지 등을 활용해 피해를 최소화할 수 있었다. 사고 이후에도 현장 대응에 있어 신속하면서도 촘촘한 대응을 펼치기 위해 최선을 다했다"며 "안타깝게 돌아가신 분도 계시지만 행정안전부에서도 광명시의 빠른 대응을 추후 참고할 만한 사례로 남겨야겠다는 평가를 받았다"고 설명했다.

그동안 삶 토대 앞으로 포부는
조상 대대로 일가가 의왕 지켜온 토박이
주민 삶의 질 향상에 역량·노하우 쓰고파

사진/최은성 기자 ces7198@kyeongin.com

자신이 살아온 삶을 토대로 앞으로의 포부에 대해서도 얘기했다. 정 부시장은 “조선전기 문신인 정현조 할아버지 때부터 대를 이어 일가가 의왕을 지켜 왔다. 저도 의왕에서 태어나 부모님을 도와 논과 밭을 일구며 학교를 다녔다. 국민학교 시절에는 애향단장으로, 중·고등학교때는 4-H단장을 맡아 내 고향을 가꾸고 봉사하는 일을 해왔다”고 어린 시절을 되돌아봤다. 그리고 “경기도에서 인사 업부를 맡아 때로는 차갑게 결정을 내려야 했고, 많은 사람들의 목소리에 귀 기울이며 더 나은 조직을 만들어왔다. 후생복지 업무를 맡을 때는 따뜻한 마음을 담아 과거에 해보지 않은 독특한 사업을 만들어 내기도 했다”고 공직 생활을 정리해 소개했다.

이런 지난 기억들, 쌓아온 경험들과 역량을 새로운 기회가 주어진다면 지속적으로 값지게 쓰고 싶다고 했다. 그는 “공직이라는 무대에서 이제는 내려와 미래를 만들어갈 청년들이 자신의 재능을 펼칠 수 있도록 해줘야 할 때가 됐다고 여긴다”면서도 “제가 평생 살아온 시간, 공간을 돌아보면 제가 그간 쌓아온 역량, 노하우가 빛을 발할 수 있지 않을까 하는 생각도 든다. 유년 시절을 보내온 의왕만 해도 개발이 활성화되고 있지만 소프트웨어적인 부분을 강화하면 주민들의 삶이 더 풍성해질 것 같다는 생각이 드는데 이는 공직 생활을 해온 내내, 또 부시장으로 재임하는 지금도 염두에 두고 있는 점이다. 평생 배운 지방행정에서의 경험과 노하우, 경기도에서 맺은 좋은 인연을 값지게 쓸 수 있도록 하겠다”고 강조했다.

인터뷰 공감

/김성주기자 ksj@kyeongin.com

공직을 마무리 하며....

의왕시 초평동 출생

유신고등학교 졸업 / 아주대학교 행정학 석사

경기도지사 비서실장(2019. 7. 5. ~ 2021. 12. 31.)

동두천시 부시장(2022. 1. 1. ~ 2022. 12. 31.)

행정안전부 고위정책과정(3급)교육 이수

(2023. 1. 31. ~ 2023. 11. 25.)

광명시 부시장(2024. 1. 1. ~ 2025. 12. 31.)

아버지 좋은 아침입니다. ♥ 아들 재훈이에요.
조금은 따뜻했으면 했지만 아버지 마지막 출근 날 날이 많이 춥습니다.
따뜻하게 입으셔야 합니다.

제 인생 모든 날들에 아버지는 멋진 정장을 입은 공무원이셨는데
오늘 저녁부터는 정장을 벗고 따뜻한 집으로 돌아오시는 내 아빠.
오랜 외출을 마치고 돌아오신 걸 진심으로 환영합니다.
저도 오래되진 않았지만 매일 아침마다 출근해 보니 정해진 시간마다
눈을 뜨고 정장을 차려입고 출근하는 것이 얼마나 몸이 무겁고
불편한 일인지 조금은 알 것 같아요.

여기에 혼자 바깥일 하시며 가족의 무게까지 어깨에 짊어지시느라
정말 수고 많으셨어요. 이 무게까지는 아직 제가 느껴보지 못해서
감히 서투른 단어들로 표현하진 못하겠어요.
아들이 항상 아버지의 자랑이 되어야하는데
어찌 생각해 보면 아버지가 항상 저의 자랑이었던 것 같아요.

우리 가족이 오늘 아침처럼 건강하고 행복할 수 있게,
항상 넘치도록 희생해 주셔서 죄송하고 감사드립니다.
조금은 늦었지만 어찌 보면 늦지 않았을,
지금부터는 제가 아버지의 자랑이 될 수 있게 멋지게 살아보겠습니다.

수 년 전 아버지 머그컵에 새겼던 문구는 단 한순간도 변함이 없습니다.
아버지의 아들이라는 것이 항상 자랑스럽고 행복해요.
진심으로 수고 많으셨어요.

퇴직 진심으로 축하드립니다.
제가 많이 사랑해요 아버지.

6부

에필로그

1. 튼튼한 뿌리는 울창한 나무를 만든다
2. 우리 서로가 서로를 응원해요

튼튼한 뿌리는 울창한 나무를 만든다

주말이나 휴가 때에는 모처럼 시간을 내어 산에 오른다. 산에 오르는 이유는 건강을 챙기기 위한 하나의 방편이 될 수 있겠지만 무엇보다도 대자연속에서 우주의 철학을 느끼기 때문이다. 메마른 바위틈을 비집고 자라는 소나무를 볼 때마다 그들의 강인한 생명력에 감탄한다. 지상에 뿌리를 내린 모든 나무들은 열악한 환경 속에서도 삶을 포기하지 않고 나뭇가지만은 하늘로 치켜들며 생명의 빛을 놓지 않으려고 애를 쓰고 있기 때문이다. 나무들은 뿌리가 있는 밑바닥에서 물을 길어 올려 몸통을 세우고 머리만은 정직하게 하늘을 향한다.

이러한 일상의 자연 현상이 나에게는 어쩌면 철학적 감정으로 다가오기 때문이다. 튼튼한 뿌리가 있어 푸르고 푸른 울창한 숲은 만드는 것이다. 인간들의 삶 역시 꽃을 피우고 열매를 맺으며 아픔의 고통을 이겨내면서 살아가는 나무와 크게 다를 바가 없다.

우리가 즐겨 먹는 과일은 아픔을 참고 견딘 나무들의 보석과 같은 산물들이다. 겉으로 보기에는 평범한 생애의 한 주기처럼 생각되지만 그것은 일정한 질서와 순서에 의해 결실을 맺는 것이다. 한 겨울 살을 에는 듯한 혹독한 추위를 이겨내고 봄이라는 계절에 대개의 꽃들은 만개하며 속절없이 질 것이다. 가지에서 떨어져 땅바닥에 뒹굴다가 사라져야 하는 꽃잎 같은 아픔을 맛보게 될 것이다.

나는 40년 가까운 공직 생활에서 상사들에게 사랑도 많이 받았지만 아픔과 고통도 많이 겪었다. 자연의 이치는 꽃을 피우고 열매를 맺는 과정에서 비바람과 싸우며 인내하는 것이다. 그래야만 달고 맛있는 열매를 맺을 수 있다.

나 역시 길고 긴 공직생활에서 자연의 흐름처럼 고난을 잘 이겨내며 여기까지 온 것이다. 우리는 영원히 변화하고 순환하며 되돌아가야 하는 흐름으로부터 벗어날 수 없지만 또한 그래서 아플 수밖에 없는 모순을 인정할 수밖에 없다.

지금은 삶의 열매를 맺기 위해 몸과 마음이 아프더라도 참고 견뎌내야 한다. 우리에겐 인간으로서의 존엄성과 희망이라는 긍정의 힘이 있기 때문이다.

나에게 긍정의 힘을 넣어 준 곳은 의왕시다. 그렇기 때문에 나는 의왕의 아들이다.

태어나고 자란 나의 태동은 의왕시부터 시작됐다. 한강의 발원지가 강원특별자치도 태백시에 있는 검룡소라면 나의 발원지는 경기도 의왕시다.

첫 발자국도 의왕이요 웃고 울던 곳도 의왕이다. 지금까지 나를 키워준 의왕시, 나는 의왕시를 한 시라도 잊은 적이 없다. 눈을 감고 있어도 의왕시요. 눈을 떠도 의왕시다. 이제는 그 의왕시에서 이 한 몸 '백골난망(白骨難忘)'의 심정으로 의왕시를 사랑할 것이다.

우리 서로가 서로를 응원해요

••• 응원메시지 123명 수록

"응원이 힘이다"

부록

123개의 목소리, 하나의 진심

이 부록에 실린 123개의 목소리는
부탁해 모은 말이 아닙니다.
살아오며 만나고, 함께 시간을 건너며
자연스럽게 남겨진 관계의 기록입니다.
기억은 요청될 때보다
머물렀을 때 더 오래 남습니다.
이 문장들 또한 의도보다 먼저 도착했고,
설명 없이 지금까지 남아 있었습니다.

123

이 숫자는 우연이 아닙니다.

2024년 12월 3일,
대한민국이 다시 한 번
권력과 책임의 무게를 마주했던 날.
말하지 않아도 느낄 수 있었던
그 하루를 기억하기 위한 상징입니다.
그래서 이 부록은
날짜를 쓰지 않고 숫자로 남겼습니다.
말하지 않음으로써
오히려 잊히지 않게 하기 위해서입니다.
여기에는
직함도, 조직도, 설명도 없습니다.
다만 사람이 있고,
사람 사이에 쌓인 시간이 있습니다.
이 페이지가 끝나면
해설은 더 이상 필요하지 않습니다.
이제 남는 것은
말의 크기가 아니라
그 말을 남긴 관계의 깊이입니다.
이 부록은
설득을 위한 기록이 아니라,
살아온 시간에 대한 증언입니다.

1

김정희 초등학교

순욱아, 다시 한번 도전이다.
머나먼 항해는 순풍만이 있는 것이 아니다.
험한 파도와 슬기롭게 싸워 이기는 길이다.

2

조동한 초등학교

친구야 바쁘지. 항상 응원했는데 …
뒤에서나마 응원하고 좋은 결실의 소식을 듣고 싶네.
기회 있을 때 보도록 하고 건강 유의하길. 홧팅.

3

신현식 초등학교

안녕 친구! 상대적이긴 하지만 초등시절 우린 좀 친했다. 어렵고 철없던 시절 여러해 방학동안 몇몇 동네 친구들이 집으로 몰려가 어머니가 정성스레 차려주신 밥을 얻어먹은 기억이 있다.
많이 잊고 살아 미안하고 진심 고맙다 전한다. 굳이 누구의 부탁이 아니더라 도 새로운 도전에 그동안 행정 노하우가 십분 발휘될 수 있는 기회가 주어지기를 박수로서 응원한다.
모든 이들이 행복해지는 그날까지~~ 파이팅!

4

박미영 초등학교

중학교 때 노래 실기 '그리운 금강산'을 가르쳐 주었던 너, 심한 음치인 내게 건넨 위로의 말 "넌 목소리가 참 좋아"라던 … 난 아직 기억해. 너의 따뜻한 한마디가 나에게 얼마나 위로가 되었는지!

5

엄익현 고등학교

맨날 운동화에 흙 잔뜩 묻히고 아무렇지 않게 등교하던 네가 아직 눈에 선하다. 시골 흙길도, 긴 통학길도 결국 네가 다 이겨냈다. 운동화에 흙 묻히며 달려온 그 시간들이 지금의 너를 만든 거야. 그 정도 근성 있으면 뭐든 해낼 수 있다!
계속 가자, 너라면 된다!

6

조중기 중학교

친구야, 갑자기 졸업식 노래가 생각난다. "앞에서 끌어주면 뒤에서 밀고"라는 가사처럼 정말 그 말이 맞는 것 같다. 네가 중학교 때 합창반 지휘하던 모습도 문득 떠오른다.
중학교 동창들이 끌어주고, 초등학교 친구들이 밀어주면 넌 뭐든 해낼 거다.
늘 응원한다. 성공을 기원한다!

7

조선행 중학교

안녕 칭구야~
울 칭구가 묵묵히 걸어온 발자취가 이제는 너에게 훌륭한 이정표가 되었네.
축하하고 더 지혜롭고 훌륭한 큰 세상을 이끌어 가렴 …

8

송은미 중학교

오랜만인 친구~ 소식 듣고 역시 순욱이구나 하는 생각이 들었어~ 학교 다닐 때도 항상 단정하고 타의 모범이 되는 모범생 친구 … 생각난다. 노래도 잘하고 여학생들의 인기도 많고 특히 3학년 때 우리반 담임인 홍영란 선생님의 사랑을 독차지했었지~ 학년 전체 합창단 지휘하는 멋진 모습도 스치며 생각나네 …
역시 우리 칭구 정순욱!
학창 시절에 이어 정치의 길을 걷는다 하니 …
어려운 길이기도 하지만 아주 잘할 거라는 믿음이 뿜뿜~
학창시절처럼 청렴하고 멋지고 깔끔하고 조용한 카리스마 ㅎㅎ 너가 생각하는 대로 한다면 성공할 거라는 생각에 나도 마음이 흐뭇하고 고맙네~
항상 응원하고 박수칠게~ 건강 지키는 것도 응원해주는 친구들에 대한 예의인 것도 알지! ㅎㅎ 정순욱 친구 파이팅!!

9

최종민 중학교

까까머리에 교복을 입었을 때도 나보다는 우리를, 말하기보다는 묵묵히 고민을 들어주던 친구야. 시작하는 길도 그런 마음으로 가겠지 … 파이팅!!

10

김오순 중학교

소중한 친구야. 너라는 존재만으로도 인생의 큰 선물이다.
지금보다 더 내일이 기대되는 친구로 늘 응원할게.

11

김성기 고등학교

학업만이 아니라 운동에도 누구보다 성실했던 너. 순욱이의 진짜 매력은 매일을 버텨 내던 근성과 자기 관리였던 것 같다. 묵묵히 몸과 마음을 단련해온 그 시간들이 결국 오늘의 너를 만든 듯

12

김수겸 고등학교

순욱아 스스로 단련해 온 시간들이 더 빛나는 너의 이야기와 앞으로 펼쳐질 미래를 진심으로 응원한다.

13

이강평 고등학교

수원 원천까지 매일매일 이어지던 힘든 시골 통학길과 운동으로 다져진 너의 근성이 오늘의 너를 만든 듯, 더 강하고 더욱 멋지게!

14

이종술 고등학교

보이지 않는 노력으로 자신을 증명해 온 한 남자의 진솔한 여정!

15

민용규 고등학교

잘생김 뒤에 가려졌던 성실함과 끈기가 드러나는, 조용히 강한 너의 이야기 그리고 네가 가는 인생의 여정을 응원한다.

16

김영수 고등학교

고등학교 시절부터 그는 늘 말보다 행동이 앞서는 사람이었다. 먼 시골 통학길과 빡빡한 학교생활 속에서도 스스로를 단련하며 운동과 학업을 모두 놓치지 않았고, 자연스럽게 주변을 이끄는 힘을 보여주었다. 직장에 들어간 이후에도 그 성실함은 변하지 않았고, 넓은 시야로 사람과 일을 함께 바라보며 언제나 좋은 성과를 만들어 냈다. 눈에 띄는 리더라기보다, 곁에 있으면 신뢰하게 되는 리더. 나는 그를 오래 지켜봐 온 친구로서, 이 기록이 얼마나 진솔한지 자신 있게 말할 수 있다.

17

주진영 고등학교

말보다 행동으로, 지시보다 신뢰로 사람을 이끌어온 너의 리더십은 학창 시절부터 직장에 이르기까지 일관되게 이어져 온 것 같다.

18

홍승달 고등학교

고등학교 시절 묵묵히 맡은 바를 완수하는 깊은 책임감으로 주변의 신뢰를 받은 너. 시끄럽게 나서기보다 친구들의 의견을 주의깊게 경청하고 합리적으로 중재하며 늘 중심을 잡았다. 소리가 아닌 결과와 솔선수범으로 보여준 리더십의 싹이 그때부터 돋아난 것 같다. 너의 미래를 응원한다.

19

한상범 고등학교

주어진 역할에 충실하면서도 전체를 바라볼 줄 아는 시야는 결코 우연히 만들어지지 않는다. 너의 성장사는 성실한 태도와 책임 있는 판단이 어떻게 지속적인 성과로 연결되는지를 설득력 있게 보여주는 것 같다.

20

심태선 고등학교

눈에 띄는 성공보다 눈에 보이지 않는 시간을 선택해 온 사람.
너의 이야기는 성실함이 리더십으로, 리더십이 성과로 완성되는 과정을 담은 깊이 있는 기록!

21

김경수 공직 후배

35년의 긴 세월 동안 공직의 자리를 묵묵히 지켜오시며 책임과 헌신으로 하루 하루를 채워오신 부시장님의 발자취는 저에게 언제나 큰 울림이자 따뜻한 귀감이 되었습니다.

부시장님께서 보여주신 진중한 자세와 너른 마음, 그리고 한 사람 한 사람을 향한 세심 한 배려는 오랫동안 제 기억 속에 깊이 남아 앞으로의 걸음을 비추는 소중한 길잡이가 될 것입니다.

22

구정희 공직 후배

부시장님과 함께한 시간들을 돌아보면, 언제나 따뜻한 말 한마디와 누구보다 성실한 모습이 가장 먼저 떠오릅니다. 가까이에서 지켜본 진심 어린 배려와 책임감은 제게 큰 울림이 되었고, 많은 이들에게 조용히 힘이 되어주던 그 모습이 아직도 마음에 깊이 남아있습니다.

이제 새로운 길을 향해 나아가시는 모습을 보며, 한 사람의 동료로서 또 한 사람의 팬으로서 진심 어린 응원의 마음을 보냅니다. 길 위에 어떤 바람이 불어오더라도, 그동안 보여주신 따뜻한 마음과 곧은 걸음이 분명 또 다른 빛을 만들어 낼 거라 믿습니다.

늘 건강하시고, 늘 그 마음 그대로 빛나는 걸음이 되시기를 바랍니다.

23

문기식 공직 후배

명예롭게 퇴직하시는 지금 … 님과 첫 대면의 날을 상기해 보면 님의 첫 인상은 강렬하였습니다. 그러나 하루이틀 지나 현시점에서 돌이켜보건데 그 강렬함 뒤에 따뜻한 온정이 늘 함께 있었음을 알았습니다. 어려울 때 도움을 청하면 그 어떤 이유 없이 챙겨주시던 님의 마음을 늘 간직하겠습니다.
퇴직후 님이 생각하시는 것 모두 이루시기를 바라옵니다.

24

이미선 공직 후배

부시장님~ 늘 친절하시고 자상하셨던 모습 생각납니다. 어느곳에 가셔서도 성공하시리라 믿어요. 항상 응원하고 존경합니다.
파이팅하셔요~^^

25

서한승 공직 후배

항상 따뜻한 지도와 배려 덕분에 많은 도움이 있었습니다. 새롭게 시작하실 길 위에 언제나 건강과 행복이 함께하시길 바라며 진심으로 응원드립니다. 그리고 선배님께서 보여주신 그 따뜻함이 앞으로도 오래도록 이어지길 진심으로 기원합니다.

26

김봉섭 공직 후배

30년 공직 생활을 마무리하며 마음을 담아 글을 남기는 건 처음인 것 같습니다. 그만큼 감사한 마음이 큽니다. 업사이클 50여 명 직원들의 점심 문제를 해결해 주시고, 오래 묵은 대상포진 문제까지 챙겨 주신 따뜻한 노력을 잊지 않겠습니다. 앞으로 걸어가실 길에 늘 건강과 행복이 함께하시길 바랍니다.

27

박소영 공직 후배

여러모로 감사했던 시간들이 떠오릅니다.
앞으로도 따뜻하고 좋은 일만 가득하시길 바랍니다.

28

권은애 공직 후배

함께한 시간이 큰 영광이었습니다.
새로운 여정에 행운과 행복이 항상 함께 하시길 기원드립니다.

29

한현주 공직 후배

오랜 시간 묵묵히 헌신하신 노고에 깊은 감사를 드립니다.
앞으로도 여유롭고 평안한 일상이 함께하시길 바랍니다.

30

조현철 공직 후배

지금까지의 발자취가 저희 모두의 길잡이였습니다.
존경과 감사의 마음을 전합니다.

31

최평균 공직 후배

당신의 헌신과 노고는 우리들의 큰 자산이었습니다.
깊은 감사의 마음을 전하며 앞날의 평안을 기원합니다.

32

임호준 공직 후배

그동안 보여주신 열정과 리더십의 길이 오래도록 기억될 것입니다.
새로운 도전과 여정에 축복이 함께하길 바랍니다.

33

박광희 공직 후배

냉철함속에서 피어나는 따스한 온기는 당신의 정이었습니다. 따스한 정을 중시하셨던 모습에 훈훈함이 묻어납니다. 함께했던 순간들 소중히 간직하겠습니다.

34

이상진 공직 후배

새 출발을 다짐하신 정순욱 부시장님 경험에서 나오는 지혜로운 리더십에 감동받았고 많은 것을 배웠습니다. 함께해서 즐거웠고, 행복했고, 수없이 많이 웃었습니다. 새로운 도전에 항상 웃음이 가득하길 기원합니다.

35

이길주 공직 후배

뜨거운 열정과 따뜻한 사랑으로 채워진 선배님의 공직생활 영원히 기억하겠습니다.
부시장님의 영예로운 퇴임이 새 인생의 빛나는 출발점이 되시길 기원합니다.

36

서호준 공직 후배

늘 직원을 먼저 생각해 주시던 모습이 오래도록 기억에 남을 것입니다.
앞으로의 도전에서도 멋진 모습으로 빛나시길 바랍니다.

37

조재만 공직 후배

예기치 못한 재난상황속에서 부시장님께서 보여주신 현장 중심의 책임감, 통찰력 그리고 사람을 향한 따뜻한 마음은 앞으로도 저희가 공직을 걸어가는데 소중한 나침반이 될 것입니다. 닮고 싶은 선배 공직자가 생겨 감사합니다.^^
이제 새로운 제2의 인생을 향해 나아가시는 부시장님께 진심으로 저를 포함한 모두가 진심 어린 응원의 마음을 전합니다.

38

이병열 공직 후배

정 : 정말 축하드립니다. 퇴임을 …
순 : 순간이었습니다. 35년이 …
욱 : 욱일하실 겁니다. 앞으로도 …

39

엄인봉 공직 후배

부시장님께서 보여주신 리더십과 열정은 우리 모두에게 큰 울림이었습니다.
새로운 여정에서도 건강과 행복이 늘 함께하시길 바랍니다.

40

변상연 공직 후배

또 다른 시작의 출발선에 계신 정순욱 부시장님!
'오늘은 어제의 결과이며, 내일을 만드는 과정'이라고 합니다. 시민을 위해, 어제 그리고 오늘을 살아오신 정순욱이라는 사람의 결과가 밝은 내일을 맞이하시길 기원합니다. 늘 건강하시고 행운이 깃드시길 바랍니다. 파이팅을 외치면서 옥상에서 …

41

김경섭 공직 후배

정순욱 부시장님 보여주신 열정과 품격은 큰 귀감이 되어 주었습니다.
새롭게 나아갈 넓은 무대에서 빛나는 활약을 기원합니다.
부시장님의 소중한 가르침 잊지 않겠습니다. 언제나 응원하겠습니다.

42

김지훈 공직 후배

그동안 지역사회를 위해 헌신해 주신 부시장님 고생하셨습니다.
언제나 공공의 이익을 위해 애쓰시며 이끌어주셨던 리더십은 많은 이들에게 귀감이 되었습니다. 항상 건강과 행복이 함께하시기를 기원하며, 새로운 여정에서도 부시장님의 경험과 지혜가 계속해서 빛나기를 바랍니다.

43

신재욱 공직 후배

그동안 지역 발전을 위해 보여주신 헌신과 열정에 깊은 존경의 마음을 전합니다. 이제 새로운 길을 향해 나아가시는 부시장님의 도전을 진심으로 응원합니다. 어떤 자리에서든 늘 그러셨듯이, 지역과 시민을 위한 따뜻한 리더십을 이어가시리라 믿습니다. 후배 공무원으로서 늘 감사한 마음 가지고 있으며, 앞으로의 걸음에도 변함없는 건승을 기원드립니다.

44

서동남 공직 후배

그동안의 헌신과 노고에 깊이 감사드리며, 새로운 도전을 위한 힘찬 발걸음을 응원합니다.

45

이종재 공직 후배

이제 새로운 출발을 앞두고 계시네요. 그동안 보여주신 뛰어난 지혜와 리더십 덕분에 많은 것을 배웠습니다. 부시장님께서 주신 교훈을 마음에 새기며 응원하겠습니다. 항상 건강하시고, 앞으로 큰 성공과 행복이 함께 하시길 기원합니다.

46

김경희 공직 후배

당신은 언제나 약한 구성원을 먼저 살피고 따뜻하게 품어주는 사람이었습니다. 또한 업무에서는 냉철하고도 신속한 판단으로 조직의 효율을 높여준 사람이었습니다. 배울 점이 많은 든든한 큰 어른이었습니다. 앞으로의 여정에서도 당신의 지혜와 품격이 계속 빛나길 진심으로 응원드립니다.

47

윤영희 공직 후배

오랜 공직 생활 동안 보여주신 헌신과 노고에 깊이 감사드립니다. 저희 한 사람 한 사람을 따뜻한 마음으로 늘 살펴 주시고, 부드러운 격려와 유머로 큰 힘을 주셨던 부시장님의 배려를 저희 모두 마음 깊이 오래도록 기억하겠습니다. 이제 새로운 도전에 나서시는 부시장님의 용기를 진심으로 응원합니다.
그 따뜻함과 진심이 앞으로의 길에서 더욱 큰 빛이 되어 많은 이들에게 희망을 전해 주리라 믿습니다. 굳건한 믿음과 긍정의 힘으로 당당한 여정을 펼쳐 가시기를 응원하며, 부시장님의 앞날이 늘 순탄하고 승승장구하시기를 마음♥ 깊이 기원합니다. 그동안 정말 수고 많으셨습니다.

48

김광용 공직 후배

그동안 공직생활 헌신하시고 잘 마무리하심에 박수를 보내 드립니다. 특히 우리 광명시에서 공직생활을 잘 마무리 하심에 진심으로 축하드리며 감사 드립니다. 제2의 인생길에는 건강하고 행복한 꽃길만 걸으시길 바랍니다.
늘 응원합니다!! 파이팅!!

49

서준희 공직 후배

이제 새로운 출발을 앞두고 계시네요 그동안의 뛰어난 리더십 덕분에 우리 시가 더욱 성장 발전하였습니다. 앞으로의 길에 축복만이 가득하길 기원하며 항상 부시장님을 응원하겠습니다.

50

이민정 공직 후배

오랜 시간 공직에서 묵묵히 책임을 다하시고 이제 또 하나의 큰 도전에 나아가시는 용기에 깊이 존경의 마음을 전합니다. 늘 공정함과 따뜻함을 잃지 않으셨던 부시장님의 지난 걸음이 있었기에, 앞으로의 정치적 여정 역시 많은 이들에게 희망과 믿음을 줄 것이라 확신합니다. 쉽지 않은 길이겠지만, 부시장님이라면 분명 더 나은 세상을 만드시리라 믿습니다. 언제나 그렇듯, 흔들림 없는 소신과 선한 영향력으로 멋진 발걸음 이어가시길 응원하겠습니다. 새로운 도전에 큰 행운과 빛이 함께하길 바랍니다! 진심을 담아 응원드립니다.

51

이세라 공직 후배

부시장님, 함께한 동안 늘 멋지고 따뜻하게 챙겨주셔서 감사했습니다.
가끔 덜렁대는 저도 웃으며 받아주셔서 큰 힘이 되었어요. 덕분에 좋은 기억이 많이 쌓였습니다. 퇴임하셔도 저희 마음속엔 언제나 '멋진 부시장님'이실 거예요. 앞으로의 시간도 더 여유롭고 행복하시길 진심으로 응원합니다!

52

유현숙 공직 후배

그동안 따뜻한 리더십으로 이끌어주셔서 감사드립니다.
존재만으로도 든든했습니다. 앞으로도 더 편안하고 즐거운 순간들로 가득하길 응원합니다. 부시장님의 인생2막은 더 찬란할 것이라 믿습니다.ㅎㅎ

53

황나연 공직 후배

항상 진중하시고 점잖은 모습이 기억에 많이 남습니다. 퇴직은 마무리가 아닌 새로운 시작입니다. 저희에게 보여주신 열정 그대로 앞으로도 멋진 인생2막 펼쳐 나가시길 기원합니다.

54

임종구 공직 후배

젠틀한 품격과 따뜻한 리더십으로 우리 광명시를 이끌어주신, 정순욱 부시장님의 정년퇴직을 진심으로 축하드립니다. 이제 무거운 짐은 살짝 내려놓으시고, 더욱 풍요로운 제2의 인생을 맞이하시길 기원합니다. 평소 보여주신 품위와 열정 잊지 않겠습니다. 감사합니다.

55

김윤희 공직 후배

후배와 동료를 생각해서 업무추진 하시는 모습 배우겠습니다.

56

곽진희 공직 후배

현장에서 보여주신 세밀한 관찰력과 따뜻한 인간미는 우리 모두의 귀감이었습니다. 함께한 시간 기억하겠습니다. 앞으로도 멋진 인생을 사실거라 믿습니다.

57

권경민 공직 후배

화려한 말보다는 묵묵한 행동이 더 큰 울림을 준다는 것을 보여주셨습니다.
변함없는 태도로 자리를 지켜주신 덕분에, 우리는 늘 안심하고 일할 수 있었습니다.

58

이해선 공직 후배

품격 있는 리더십은 제 마음 속에 깊은 울림을 남겼습니다. 진심으로 사람을 대하던 따뜻한 태도와 시선은 시간이 지나도 쉽게 잊혀지지 않을 거라고 생각합니다. 함께한 시간 오래 기억하고 또 기억하겠습니다.

59

이민호 공직 후배

함께한 시간 속에 나눴던 대화와 협력의 순간들은 무엇과도 바꿀 수 없는 소중한 추억입니다. 덕분에 일터가 더 따뜻했고, 행복했습니다. 사람을 향한 진정성으로 남긴 발자취는 오래도록 기억될 것입니다. 따뜻한 리더로 후배들의 길잡이가 되어 주심에 깊은 존경을 보냅니다.

60

문광호 공직 후배

정순욱 부시장님, 반지의 제왕 간달프 기사처럼 공무원을 앞장서서 지휘하시는 모습이 인상 깊었습니다. 부시장님이 보여주신 백절불굴(百折不屈)의 자세를 잊지 않고 후배 공직자들의 마음속에 깊이 새기며 앞날에 더 큰 발전과 행복을 기원합니다.

61

김연송 공직 후배

정순욱 부시장님의 행정은 한마디로 쾌도난마 행정입니다. 아무리 복잡하고 지난 사안도 그 핵심과 본질을 찾아내 명쾌하게 정리해 주십니다. 부시장님의 가르침 잊지 않고 등대로 삼아 남은 공직에 전념하고자 합니다.
새로운 길 찾아 떠나시는 부시장님을 힘차게 응원합니다.

62

노진남 공직 후배

정 – 정도를 걸어온
순 – 순도 100퍼센트 멋진 공직자의 제2의 인생서막 시작! 온몸이
욱 – 욱신욱신 아프더라도 열정적으로 승리할 거라 믿어 의심치 않습니다.
정순욱 부시장님의 2026년과 그 이후 모든 날을 온 마음으로 응원합니다.!!!

63

김형철 공직 후배

사람들의 삶과 목소리에 귀 기울이는 것이 진정한 시작입니다. 응원합니다.

64

황명옥 공직 후배

30년 이상 최고의 공무원으로 헌신하신 부시장님의 새로운 도전을 진심으로 응원합니다. 늘 건강하시고, 새로운 길에서도 멋지게 성공하시기라 믿습니다.

65

김학선 공직 후배

정순욱 부시장님께서 이끌어 오신 행정혁신, 조직운영 내실화, 시민안전을 향한 세심한 노력은 광명시의 변화에 분명한 방향을 남겼습니다. 그 깊은 헌신을 감사히 기억하며, 새로운 여정에서도 부시장님의 경험과 지혜가 더욱 큰 빛으로 이어지길 진심으로 응원합니다.

66

강성안 공직 후배

백마디 말보다 따뜻한 미소 한번이 제게는 큰 힘이 되었습니다.
부드럽지만 단호하고 명확한 판단을 통해 많은 것을 배웠습니다.

67

최원창 공직 후배

책임감있게 자리 지켜주신 시간들에 진심으로 감사드립니다. 공과 사를 구별하며 묵묵히 소임을 다하신 당신의 고귀한 발자취는 영원히 기억될 것입니다. 퇴직 후에도 그동안 쌓아오신 지혜와 경험을 바탕으로 사회 곳곳에서 큰 영향력을 펼쳐주시리가 믿습니다.

68

홍명희 공직 후배

당신은 따뜻한 카리스마가 어떤 것인지 보여주셨습니다. 멀리 내다보면서도 가까운 그늘의 어두움을 놓치지 않고 보살피는 분이셨습니다. 많은 배움 덕에 저희 후배는 앞으로도 멈추지 않는 성장을 할 수 있을 것입니다.
행복하시고 건강한 날들만 함께 하시길 바라겠습니다.

69

이상희 공직 후배

보여주신 책임감과 추진력은 언제나 큰 귀감이었습니다.
앞으로 맞이하실 새로운 여정도 더욱 빛나시길 바랍니다.

70

김범규 공직 후배

언제나 품격 있는 리더십으로 조직을 이끌어주신 점 깊이 감사드립니다.
새로운 길에서도 그 리더십이 더욱 빛나길 응원합니다.

71

안서아 공직 후배

함께 일할 수 있어 영광이었습니다. 든든한 울타리가 되어주셔서 감사합니다.
퇴임 후에도 늘 건강하시고 행복하세요. 존경합니다!

72
박준용 공직 후배

친구는 배신하나 노력은 배신하지 않는다는 것을 당신을 통해 느끼고 배웠습니다.

73
임지은 공직 후배

키다리아저씨의 품위와 멋짐뿜뿜 가득하신 우리 부시장님 새로운 출발지에서도 늘 꽃길만 걸으시길 항상 응원합니다.

74
홍성정 공직 후배

정순욱 부시장님, 늘 부드러운 리더십으로 우리를 이끌어 주신 부시장님 앞으로 큰 꿈과 사명감을 담아 새로운 도전을 하시는 모습 정말 멋지고 존경스럽습니다. 부시장님의 앞날을 항상 응원하겠습니다.

75
조지영 공직 후배

항상 시민의 곁에서 묵묵히 책임을 다해오신 부시장님의 발자취는 많은 이들에게 큰 힘과 희망이 되어 왔습니다. 앞으로의 행보 또한 누군가에게는 용기, 누군가에게는 변화의 시작이 되리라 믿습니다. 앞으로 펼쳐질 새로운 길 위에서도 변함없는 따뜻함과 리더십이 더욱 빛나길 진심으로 응원드립니다.

76

황미영 공직 후배

존경하는 부시장님의 첫 도전에 용기와 열정에 경의를 표합니다.
그 진심이 시민의 마음에 간절히 닿을 거라 확신합니다.
지금처럼 쭈~욱 응원하겠습니다.

77

남우경 공직 후배

광명시에서의 여정을 마무리 하시면서 새로운 시작을 맞이하게 되심을 진심으로 축하드립니다. 앞으로의 여정도 더 큰 행복과 건강으로 가득하시길 바라겠습니다.

78

안주형 공직 후배

빛을 품은 도시 광명의 빛을 함께 키워온 부시장님 이제는 그 빛을 당신의 삶에 온전히 비추시길 응원합니다!

79

강순하 공직 후배

96년 공무원 입사 후 친형 같은 분을 만났다고 할까요. 제가 축구하는 모습을 보고 저렇게 빠른 사람은 처음 봤다며 놀라워 하시기도 하고, 늘 볼 때마다 따뜻한 말로 격려해 주신 게 아직도 생생하게 기억되네요.
새로운 시작은 또 다른 기회라고 생각합니다. 항상 건강하세요.

80

고덕표 공직 후배

선배님의 일에 대한 열정과 합리적인 리더십을 본받기 위해 노력했던 기억이 아직도 생생합니다. 또한 후배들에 대한 사려 깊은 배려에 감동 받아왔습니다. 앞으로 펼쳐질 새로운 인생에서 선배님만의 멋진 길을 만들어 나가시길 기원합니다.

81

고병수 공직 후배

단단한 태도로 흐름을 세우고 필요한 순간마다 조용히 길을 내어 주시던 형의 모습과, 맡은 일을 끝까지 책임 있게 완수하며 언제나 분명한 결과로 보여주셨던 일을 대하는 태도, 그리고 갈림길마다 건네 주신 조언에 담긴 깊은 배움은 지금도 제 길을 밝히는 소중한 자산으로 남아 있습니다.

82

권문주 공직 후배

선배님, 늘 따뜻한 격려와 든든한 조언으로 이끌어 주셔서 감사합니다.
앞으로도 선배님의 앞길에 좋은 일만 가득하시기를 응원합니다.

83

김수형 공직 후배

선배님의 굳은 지조와 인내, 겸손하고 온화하신 성품은 우리들의 본보기였습니다. 크게 쌓으시고 넓게 베푸신 사랑을 우리들은 마음 깊이 오래도록 기억할 것입니다. 앞으로도 더 좋은 삶을 계획하시고 뜻하신 일들 모두 이루시기를 바라겠습니다.

84

김정익 공직 후배

정직한 사람은 때로는 더디고, 때로는 외롭지만 결국엔 누구보다 깊은 신뢰를 얻고, 가장 오래 기억되는 사람입니다. 저에게 당신이 그러했습니다.

85

김주연 공직 후배

늘 주변을 돌아보는 따뜻한 가슴을 가지셨지만, 일에 있어서는 냉철한 판단력을 지니신 신뢰할 수 있는 공직자셨습니다. 오래도록 기억하겠습니다.

86

김태근 공직 후배

책장을 넘길 때마다 당신이 걸어오신 시간의 무게와 따스함이 함께 전해질 겁니다. 한 사람의 공직자로서 어떻게 살아가야 하는지 몸소 보여주신 당신의 철학이 많은 사람들에게 쉼표이자 방향이 되었습니다.

87

박유정 공직 후배

묵묵히 책임을 다하는 당신의 단단함 속에서 자연스레 전해지는 사람을 향한 따뜻함을 느꼈습니다.

88

서관호 공직 후배

누군가 힘들고 어려울 때 힘이 되어 주는 사람! 그런 사람이 형님이었습니다.
그 누군가가 저였고 감사했습니다. 속 깊은 따뜻한 사람!
건강하고 행복하게 오래 뵙길 바랍니다.

89

유관희 공직 후배

공직 생활의 다양한 경험은 당신의 삶의 뿌리가 되었습니다. 이 뿌리가 앞으로 걸어갈 길에 든든한 디딤돌이 될 것이라 믿습니다. 새로운 출발의 순간, 그동안의 열정과 전문성이 더 빛나는 미래로 이어지기를 진심으로 기원합니다.

90

윤혁준 공직 후배

쉽지 않은 순간에도 흐트러짐 없이 차분하게 집중하시는 모습에서 "진짜 열정"이 무엇인지 당신을 통해 배웠습니다. 그 열정이 지금도 제게 힘이 됩니다.

91

이관행 공직 후배

당신과 함께 했던 시간들은 어느새 소중한 인연과 추억이 되었고, 그 시간들이 차곡차곡 모여서 한 줄 한 줄 글이 되어 세상에 남게 되었습니다. 진심과 열정으로 쌓아오신 시간들이 책 속에서 더욱 빛나길 바라며, 따뜻함이 담긴 이야기가 많은 이들에게 귀한 울림이 되리라 믿습니다.
새로운 여정의 출발에 깊은 응원을 보냅니다.

92

이인용 공직 후배

당신이 걸어 온 시간은 조용하지만 깊은 울림으로 이어져 저에게도, 많은 독자에게도 오래 남을 것입니다. 책 속에 담긴 당신의 철학이 누군가에게 오늘을 버티게 하는 힘이 되기를 바랍니다.

93

이현문 공직 후배

이면지 위에 연필심을 사각거리시며 슥슥 적어주시던 가르침이 아련하고 소중한 흔적으로 남고 있습니다.
항상 건강하세요.

94

장경호 공직 후배

당신의 자신감 넘치는 한걸음 한걸음이 후배들에게는 어느새 길이 되어 남아 있습니다. 내가 힘들고 지쳐있을 때 당신이 보여준 따뜻한 미소와 손길은 제가 다시 길을 나설 수 있는 용기가 되었습니다. 이제 새로운 길을 나서시는 선배님의 앞날에 건강과 행복이 함께 하시기를 기원합니다.

95

전영식 공직 후배

선배님의 귀한 저서 발간 소식에 축하 인사를 올립니다. 과거 신규 공무원 대상 강의에서 뵈었던 선배님의 행정철학을 이제 책을 통해 접할 수 있게 되어 매우 기대가 큽니다. 바쁜 와중에 책 발간이라는 쉽지 않은 결정을 내리신 노고와 용기에 깊은 존경을 표하며 진심 어린 응원을 보냅니다.
항상 건강하시기를 기원합니다.

96

정영호 공직 후배

당신은 선배님, 실장님 그리고 부시장님으로 불리셨지만 저에게는 항상 따뜻한 형님으로 남아 계십니다. 수많은 프로젝트를 함께해 나가며 보여주신 열정과 혜안은 제게 큰 배움 이었고 길이었습니다. 공직에서 쌓아오신 소중한 경험과 철학이 다른 누군가를 위해 값지게 쓰여지기를 진심으로 기원합니다.
항상 건강하세요.

97

조동혁 공직 후배

도청이라는 낯선 공간에서 형님은 언제나 흔들림 없는 나침반이 되어주셨습니다. 두렵고 막막한 길 위에서도 함께 걸어주심에 버틸 수 있었고, 그 시간은 큰 위로와 행복이었습니다. 지칠 때마다 조용히 안아주시던 형님의 따뜻함과 삶의 지혜가 이 책을 통해 더 많은 이들에게 닿기를 바랍니다.

98

최예원 공직 후배

강단 있는 리더십 뒤에 조용한 배려와 사람을 먼저 챙기는 따뜻함.
많이 배우고 큰 힘이 되었습니다.

99

홍성덕 공직 후배

나와 친하지 않아도, 심지어 불편한 사람일지라도 그 자리에 적임자라면 기용하는 것이 나의 인사 원칙이라고 하신 말씀, 아직도 마음속에 향기처럼 남아 있습니다.

100

김현주 공직 후배

부시장님의 영예로운 퇴임을 뜨거운 박수로 축하드립니다!
앞으로의 꽃길도 진심으로 응원합니다.

101

김용완 공직 후배

명예로운 퇴임을 맞이하는 부시장님. 윗분에게 보고드리는게 어려운데 항상 따뜻하게 맞이하여 주셔서 감사합니다. 새로운 시작도 따뜻하고 행복한 길이 되었으면 합니다. 항상 건강하세요.

102

정찬수 공직 후배

존경하는 정순욱 부시장님 퇴임을 축하드리며 앞으로 펼쳐질 빛나는 미래와 성공적인 앞날을 응원합니다. 광명시 부시장님으로 오시면서 '이청득심(以聽得心)'의 자세로 낮은 곳에서 경청하며 소통하겠다던 다짐을 실천하시는 모습을 보며, 제가 앞으로 지내야할 공직 생활의 올바른 방향을 찾을수 있었습니다. 그 동안 광명시와 경기도정 발전을 위해 헌신하신 부시장님의 영예로운 퇴임을 진심으로 축하드립니다. 34여 년이 넘는 긴 공직 생활 동안 언제나 원칙과 소신을 바탕으로 '행정의 달인'이라는 별명답게 후배들이 따라야 할 빛나는 발자국도 보여주시었습니다. 또한 든든한 선배이자 인생의 스승으로서, 공직 생활의 중요한 순간마다 아낌없는 조언과 따뜻한 격려를 보내주셨습니다.
부시장님께서 보여주신 열정과 리더십, 그리고 시민을 위한 헌신은 저를 포함한 많은 후배 공직자들에게 귀감이 되고 있습니다. 공직임용 대기자를 실무 수습으로 조기 투입하여 행정 공백을 최소화하고, 결원 인력 대체 등 적극적인 인사 조치 단행, 효율적이 조직진단과 조직개편 등으로 행정안전부 '인력 운영 효율화 우수 지자체' 선정되는 등 셀수 없는 업적을 남기셨습니다. 지금은 공직의 무대에서 내려오시지만, 평생 쌓아오신 지방행정의 경험과 노하우는 앞으로도 지역사회에 값지게 쓰일 것이라 믿습니다. 부시장님의 새로운 출발을 응원하며, 앞으로 펼쳐질 제2의 인생에도 항상 건강과 행복이 가득하시기를 기원합니다.
그동안 정말 고생 많으셨습니다. 진심을 담아 감사드리며 건승을 기원합니다.

103

황희민 공직 후배

비바람이 몰아쳐도 흔들림 없이 수백 년 동안 마을을 지켜낸 느티나무처럼 든든히 지켜주신 님의 강인한 생명력과 넓은 포용력에 감사드립니다.

104

권위향 공직 후배

날카로운 눈빛을 가진 그러나 따뜻한 마음으로 세상을 품으신 정순욱 부시장님을 늘 존경하고 응원합니다.

105

장현정 공직 후배

당신은 섬처럼 고립되기 쉬운 사람과 사람 사이를 잇는 따뜻한 다리와 같은 존재입니다. 당신 덕분에 우리는 서로 연결되고, 외롭지 않게 연대할 수 있었음에 깊이 감사 드립니다.

106

조현미 공직 후배

매서운 눈빛으로 일의 본질을 꿰뚫고, 따뜻한 마음으로 시람을 품어오신 분.
이제 새로운 길에서도 그 진심이 더 큰 변화를 만들어 주시길 바랍니다.

107

장미선 공직 후배

얼마나 치열하게 공직생활을 해오셨을지, 그만큼 스스로에게 얼마나 엄격하셨을지 늘 존경의 마음으로 지켜보았습니다. 곁에서 함께 일하며 느낀 부시장님은 철저함 속에서도 편견 없이, 누구에게나 격의 없이 따뜻하게 다가오시는 분이셨습니다. 그 진심 어린 리더십에서 많은 것을 배우고 성장할 수 있었습니다.
광명시에 최고의 부시장님을 만날 수 있어 정말 큰 행운이었습니다. 앞으로 가시는 길에도 언제나 빛과 응원이 함께하길 바라며, 어디에서든 변함없이 존경하고 응원하겠습니다. 파이팅!

108

유경임 공직 후배

말하지 않아도 알 수 있는 진심이 있습니다.
당신은 늘 그 마음으로 우리를 이끌었습니다.

109

권지현 공직 후배

당신의 발걸음은 느리지 않았고, 다급하지도 않았습니다.
언제나 필요한 만큼의 속도로 우리를 옆에서 지켜주었습니다.

110

김선미 공직 후배

부시장님과 함께한 시간은 저에게 큰 힘과 배움이 되었습니다. 어려운 순간마다 늘 현명한 판단으로 방향을 제시해 주셨고, 직원 한 사람 한 사람을 배려해 주신 따뜻함에 진심으로 감사드립니다.

111

박진영 공직 후배

솔직담백해서 좋았습니다. 간결하고 차분한 어조는 힘이 있었습니다.
그래서 더 고맙고 감사했습니다.

112

오선화 공직 후배

늘 경청해주시고, 때론 강한 카리스마로 이끌어 주셔서 감사합니다.
새로운 여정에서도 부시장님의 열정과 따뜻함이 더욱 빛나길 바랍니다.

113

신유리 공직 후배

직원들을 세심히 아껴주신 진정성 있는 리더십을 잊지 않고 응원하겠습니다.

114

정성만 종친회

우리 종친회 정순욱부회장님의 큰 뜻에 열렬히 응원합니다. 반드시 목표달성으로 우리 가문에, 우리 마을에, 기둥이 되실거라 믿습니다. 파이팅!!!

115

정기채 종친회

안녕하세요. 배물댁 정기채입니다. 하동정씨 화이팅입니다.
아저씨의 새로운 도전을 응원하며, 제 마음 깊이 응원하겠습니다. ^^

116

정범채 종친회

정순욱 당숙 아저씨께, 그동안 늘 좋은 귀감이 되어주셔서 진심으로 감사드립니다. 앞으로 인생 2막에서도 그 진정성이 잘 전달되어 꼭 좋은 결과가 있기를 응원하겠습니다. 출판기념회 너무 축하드립니다.

117

정시채 종친회

지역사회를 위해 봉사하고자 큰 뜻을 세우신 당숙을 진심으로 응원합니다. 같이 자라며 보여준 밝고 성실한 모습이 긴 공직기간 동안 부시장님으로 정점을 찍으며 가족의 자랑이 되었습니다. 부디 더 큰 꿈을 이루어 지역에 더 헌신하시고 가족들에게 더욱 빛나는 별이 되시길 기원합니다.

118

정순홍 종친회

위민행정으로 갈고 닦은 실력, 맘껏 펼칠 기회가 드디어 찾아왔다!
틀림없이 앞길이 열릴 것이다 … 순욱 아우 파이팅!!!

119

정순충 종친회

격려는 안심과 희망과 용기를 준다고 하네요.
항상 형님을 격려하고 응원 하겠습니다. ~~~

120

정순혁 종친회

새로운 도전을 향한 발걸음을 진심으로 응원합니다.
앞으로도 멋진 행보 이어가길 바랍니다.

121

정순태 종친회

고향을 일찍 떠나온 내가 내려올 때마다 항상 따뜻하게 반기며 놀아주던 형의 이미지가 아직도 기억나며 잊히질 않네요. '세상은 차가운 머리와 따뜻한 가슴을 가진 사람을 원한다'라는 말이 어울리는 형 … 응원합니다!

122

정승렬 공직 선배

공직에서의, 긴 여정을 국가와 국민을 위해 훌륭히 마무리한 지금 앞으로의 삶은 더욱 빛날 겁니다. 온고지신의 지혜를 발판 삼아 새로운 시작을 힘차게 이어나가길 기원합니다.

123

정순욱(저자) 다짐

"혼자 꾸는 꿈은 꿈에 불과하지만, 함께 꾸는 꿈은 현실이 됩니다.

123인의 진심을 등불 삼아,

이제 더 큰 나의 다른 시간 속으로 당당히 걸어가겠습니다."

정순욱 에세이

시민의 삶에서 행정을 배우다

공직의 현장에서 기록한
도시의 이야기

지은이 정순욱
발행인 김영란
발행처 한누리미디어
감수·디자인 정승렬, 소셜드림

08303, 서울시 구로구 구로중앙로18길 40, 2층(구로동)
전화 02)379-4514, 379-4519
Fax 02)379-4516
E-mail hannury2003@hanmail.net

신고번호 제 25100-2016-000025호
신고년월일 2016. 4. 11.
등록일 1993. 11. 4.

초판발행일 2026년 1월 30일

값 **25,000**원

ISBN 978-89-7969-916-6 03810